AF345515

ABRAHAM ABOULÂFIA

ÉPÎTRES POUR
ABRAHAM ET JUDAH

Shevâ netivoth haTorah
« *Les sept sentiers de la Torah* »
שֶׁבַע נְתִיבוֹת הַתּוֹרָה
Vezoth liYehoudah
« *Et celle-ci pour Judah* »
וְזֹאת לִיהוּדָה

Deux écrits traduits de l'hébreu et annotés par GEORGES LAHY

Admata

Présentation générale

« *Les Sept Sentiers de la Torah* »
« *Et celle-ci pour Judah* »

Dans ce volume unique, deux épîtres magistrales d'Abraham Aboulâfia se rejoignent, tissant un dialogue entre la quête spirituelle et la contemplation mystique. « *Les sept sentiers de la Torah* » et « *Et celle-ci pour Judah* » incarnent la richesse de la pensée d'Abraham Aboulâfia, offrant un panorama éclairant sur sa vision kabbalistique.

La première œuvre, « *Les sept sentiers de la Torah* », est une lettre à « Rabbi Abraham », où Aboulâfia dévoile une approche graduelle de l'entendement de la *Torah*. De l'interprétation littérale aux niveaux ésotériques réservés aux initiés, il guide son lecteur à travers sept sentiers d'exploration spirituelle et intellectuelle. Cette lettre est marquée par une argumentation philosophique, où il critique et questionne, incitant à une compréhension plus profonde de la spiritualité et de la nature divine.

« *Et celle-ci pour Judah* » représente une correspondance personnelle et profonde adressée à un disciple, *Yehoudah*. Rédigée après son exil, Abraham Aboulâfia partage ici un processus de méditation et de prière, destiné à éveiller une conscience supérieure. Il distingue la Kabbale des autres connaissances, se concentrant sur le mystère des *Sefiroth* et des Noms divins. Cette lettre révèle non seulement un guide de méditation, mais également les luttes spirituelles d'*Aboulâfia* et son rôle dans l'histoire de la pensée kabbalistique.

Ensemble, ces écrits offrent un aperçu unique dans l'univers d'*Abraham Aboulâfia*, un monde où la méditation, la réflexion philosophique et la tradition mystique se rencontrent pour former un chemin vers la compréhension divine. Ce volume est une invitation à explorer les profondeurs de la Kabbale, guidée par une des figures les plus énigmatiques et influentes de cette tradition.

LES 7 SENTIERS DE LA TORAH

Shevâ netivoth haTorah

שֶׁבַע נְתִיבוֹת הַתּוֹרָה

PRÉSENTATION

Dans cet épître intitulée « *Les sept sentiers de la Torah* », adressée à un certain « *Rabbi Abraham* », Abraham Aboulâfia développe les thèmes fondamentaux de son enseignement de manière accessible et pertinente pour son correspondant. Ce dernier, s'éloignant des chemins de la philosophie et de la pensée rabbinique traditionnelle, le Rabsa[1] s'abstient de plonger dans les abysses de sa Kabbale mystique prophétique. Il se contente de quelques manipulations élémentaires de *guimatria*, évitant les constructions complexes habituelles de son œuvre, celles qu'il réserve à ses disciples aguerris. Il adopte une approche argumentative typique des philosophes, s'appuyant principalement sur « *Le Guide des Égarés* » de Maïmonide. Inhabituellement, il se tourne davantage vers le *Talmud*, en citant de longs passages, dans une démarche d'adaptation au niveau de son interlocuteur.

Il met en exergue l'importance de la quête spirituelle et de la compréhension de la nature divine à travers les enseignements de la Kabbale. Encourageant son destinataire, « Abraham », à poursuivre cette recherche avec dévotion et rigueur, le Rabsa insiste sur l'importance de rester fidèle aux pratiques et enseignements traditionnels du Judaïsme. Il s'agit pour lui de trouver un équilibre entre l'exploration spirituelle profonde et le respect des fondements du Judaïsme.

L'auteur commence sa lettre en décrivant à son destinataire les « sept sentiers », dont l'idée générale est de montrer une progression dans la compréhension spirituelle et intellectuelle de la *Torah*, allant de l'interprétation littérale à des niveaux de compréhension de plus en plus profonds et ésotériques, réservés aux initiés et finalement aux prophètes :

---

[1] **Rabbi Abraham ben Samuel Aboulâfia.**

1. Sentier du sens littéral : L'interprétation littérale des textes, considérée comme la base de la connaissance religieuse.
2. Sentier des commentaires multiples : Implique l'analyse des textes de la *Torah* à travers divers commentaires.
3. Sentier des interprétations homilétiques et narratives : Les textes sont compris à travers des récits allégoriques et des enseignements moraux.
4. Sentier des Paraboles et Énigmes : Permettant de reconnaître et d'interpréter les paraboles et les énigmes dans les textes.
5. Sentier de la Kabbale : Spécifique à la sagesse kabbalistique, se distinguant des enseignements généraux partagés par toutes les nations.
6. Sentier profond de la méditation et de l'évocation : Décrit comme très profond et mystérieux, convenant à ceux qui se retirent en solitude (*hitbodedouth*) pour une quête spirituelle intense. Il implique la méditation sur les noms divins et l'utilisation de techniques.
7. Sentier de la Prophétie : Englobe tous les autres sentiers et atteint la réalisation la plus profonde et la plus spirituelle de la *Torah*, reliant directement le kabbaliste au Verbe divin.

Après avoir exposé ces sentiers pour son destinataire « Rabbi Abraham », l'auteur souligne une contraction portant sur la capacité de son destinataire à juger correctement les connaissances mystiques et philosophiques. Le Rabsa défend la supériorité de la sagesse de la *Torah* et remet en question la compréhension de son récipiendaire quant aux mystères divins, tout en cherchant à l'éveiller à une compréhension plus ancrée de la spiritualité.

Il accuse son destinataire de contradiction dans son jugement. Il reproche à ce « Rabbi Abraham » de condamner un homme éminent (dont l'identité est cachée) pour sa connaissance, tout en admettant ne pas être expert dans le domaine de cette connaissance. Le Rabsa critique « Abraham » pour son incapacité à reconnaître les limites de sa propre compréhension, tout en jugeant sévèrement les autres pour leurs croyances ou leur savoir.

Il remet en question l'adhésion de son correspondant à la voie philosophique. Bien que ce « Rabbi Abraham » soit considéré comme sage, il est critiqué pour placer la sagesse philosophique au-dessus de la sagesse de la *Torah* (*Ħokhmah*), qui, selon le Rabsa, conduit à l'Esprit Saint. Cette préférence est vue comme une erreur de jugement et un manque de reconnaissance de la véritable valeur de la Sagesse de la *Torah*.

Le Rabsa cherche à éveiller « Abraham » de son « *sommeil de l'indolence* » en lui révélant la supériorité de la Sagesse de la *Torah*. Il est confiant que, grâce à l'intelligence de son destinataire, ce dernier acceptera les preuves et les arguments présentés dans son œuvre, conduisant à un accroissement de sa sagesse.

Le désaccord s'étend également à la déclaration du destinataire concernant sa connaissance du secret du Nom divin. Le Rabsa semble étonné et sceptique face à la prétention de son lecteur de comprendre des aspects mystiques profonds, tels que les mouvements des lettres du Nom divin et les mystères du *Merkavah*.

Dans cet épître, Abraham Aboulâfia aborde un aspect central de son enseignement, l'idée que la méditation correcte et approfondie sur les lettres et les Noms divins peut ouvrir la voie à la prophétie. Cela signifie non pas prédire l'avenir, mais plutôt atteindre un état de conscience élevé où le kabbaliste peut percevoir des réalités spirituelles plus élevées.

Le Rabsa souligne l'importance de maintenir un équilibre entre la pratique mystique et l'observance de la loi juive (*halakha*). Il voit ces deux aspects comme complémentaires dans la quête de la spiritualité.

Il ne manque pas de critiquer les philosophes qui, selon lui, se concentrent trop sur le rationnel et l'intellectuel, négligeant ainsi les aspects mystiques et spirituels de l'adhésion au divin. Il met en contraste sa propre approche, axée sur l'expérience mystique directe et la méditation, avec l'approche philosophique d'Aristote.

Pour conclure son développement, Abraham Aboulâfia affirme qu'il ne se montre pas partial envers son destinataire ou tout autre sage qui remet en question la véritable voie de la Kabbale. Il évalue le destinataire selon sa compréhension de la Kabbale, indépendamment de son statut ou de ses intentions, qu'il soit novice, égaré ou moqueur. Son but n'est pas de discréditer mais d'encourager à la repentance complète. Il lui conseille de délaisser l'astrologie et de se consacrer aux sagesses philosophiques, après avoir exploré les enseignements de la Kabbale.

Le Rabsa révèle dans cette lettre que, avant de découvrir la Kabbale, il pensait que la philosophie était la plus grande sagesse, mais il a réalisé que la Kabbale est en fait supérieure. Il critique ceux qui prétendent à tort connaître la Kabbale et maîtriser les Noms divins pour accomplir des miracles. Selon lui, ces pratiques relèvent de l'illusion et de la tromperie, inappropriées pour ceux qui recherchent la vérité.

Enfin, il exprime sa confiance en la sagesse de son destinataire, espérant renforcer son désir de compréhension et le guider vers de nouvelles voies. Il mentionne ses propres écrits sur la sagesse et la prophétie, affirmant que son intention est de promouvoir la paix et la compréhension, et non de réprimander.

I

א׳ הן שבע נתיבות התורה

"מגדל עוז שם יי בו ירוץ צדיק ונשגב" (משלי יח׳ י׳).

"אמרת יי צרופה מגן הוא לכל החוסים בו" (תהלים יח׳ לא׳):

« *Tour forte est le Nom Yhwh, le juste y court, hors d'atteinte*[2]. »

« *Le Dire de Yhwh est 'affinée' (tseroufah), Il est le bouclier de tous ceux qui s'abritent en Lui*[3]. »

הא הא ויוד סבות לכל סבה על כן נשק״ן ש״ר עלי ראשן פחד אנוש מהן וארכובותיה מפניהן דא לדא נקשן:

Hé, Hé, Yod, sont causes de toute cause. Par conséquent, leurs « armes » (*néshéqen*) « chantant » (*shar*)[4] sur « leurs têtes, une terreur fatale » (*roshén paħad anoush*)[5] venant d'elles, et devant elles les genoux « s'entrechoquent » (*naqshan*[6]).

יתהפכו כחות ולא ישן לב טוב ויתעדן בעולם הבא ה״א מעלה קיטור כאש כבשן אמן יהא ברוך שמיא רבא:

---

[2] Proverbes 18:10.

[3] Psaumes 18:31.

[4] Les deux mots *néshéqen shar* [נֶשֶׁקֶן שַׁר] ont chacun une *guimatria* de 500. L'expression est ambiguë, car lu *néshéq* [נֶשֶׁק], c'est une arme et lu *nashaq* [נָשַׁק], embrasser. De même le second mot lu, *shar* [שַׁר], c'est le verbe chanter et lu *sar* [שַׂר] c'est un prince. Dont la valeur 500, évoque dans la mystique l'idée qu'une *parssah* correspond à 500 ans de marche du Prince Métatron.

[5] *Roshén paħad anoush* [ראשן פחד אנוש] = 1000 = *néshéqen shar* [נֶשֶׁקֶן שַׁר]. Ici aussi, la phrase est ambiguë, *anoush* [אָנוּשׁ], fatal, mortel, peut aussi se lire *anosh* [אֱנוֹשׁ], humain, personne mortelle.

[6] *Naqshan* [נקשן], entrechoquer, percuter, est anagramme de *néshéqen* [נֶשֶׁקֶן].

Elles se transmuteront en forces et le cœur bon ne dormant pas se délectera en *Ôlam haBa*. *Hé* élève l'encens comme un feu, comme une fournaise. « *Amen, que Son grand Nom soit béni*[7] ».

גדלו ליי אתי ונרוממה שמו יחדיו. כי שם יי אקרא הבו גודל לאלקינו:

« *Grandissez Yhwh avec moi ! Exaltons son nom ensemble !*[8] » « *Car je proclamerai le nom Yhwh. Donnez grandeur à notre Dieu !*[9] »

שבעה המה עיני השם המנהיגים אור תורתו משכיל שלם קום ותבקשם ובלבך תטע יראתו:

Sept sont les yeux du Nom (*HaShém*)[10] qui guident la Lumière de sa *Torah. Maskil* accompli debout ! Cherche-les et plante dans ton cœur Sa Révérence.

משכיל פקח עין לבך לראות תורת אמת ושמה מקור מופת וכתוב בדם והיו למופת אות סודו מגלה שם אחי יפת:

Maskil, ouvre l'œil de ton cœur pour voir la *Torah* de Vérité. Là est la Source miraculeuse, écrite avec le sang, et elles [les lettres] seront un signe (*oth*) miraculeux. Son secret révèle *Sém* « *frère de Yafet*[11] ».

אודה יי בכל לבב בסוד ישרים ועדה:

תורת יי תמימה משיבת נפש:

עדות יי נאמנה מחכימת פתי:

פקודי יי ישרים משמחי לב:

מצות יי ברה מאירת עינים:

יראת יי טהורה עומדת לעד:

יראת יי טהורה עומדת לעד:

---

[7] Une formule utilisée lors de la récitation de la prière du *Kaddish*.

[8] Psaumes 34:4.

[9] Deutéronome 32:3.

[10] Il s'agit d'une allusion au *Livre de Zacharie* (4:10) : « *Ces sept-là sont les yeux de Yhwh qui parcourent toute la terre.* »

[11] Genèse 10:21. Ici, l'auteur semble jouer entre *shém* et *sém*. Il joue aussi entre l'homophonie des termes *moféth* [מוֹפֵת] (miracle) et *Yaféth* [יָפֶת].

« Louez Yhwh de tout cœur dans le secret des intègres et de la communauté[12] »

« La Torah Yhwh est parfaite, elle restaure l'âme. »

« Le témoignage de Yhwh est de confiance, il assagit le naïf. »

« Les directives Yhwh sont droites, elles réjouissent le cœur. »

« La mitsvah de Yhwh, limpide, éclaire les yeux. »

« Le Révérence de Yhwh, pure, se dresse à jamais. »

« Les sentences de Yhwh, vérité, sont justes unies. »[13]

---

[12] Psaumes 111:1.
[13] Psaumes 19:8 à 10

עזרא אמר על זה לאו דכתה מיה בממזריא שאם כן יעשה אדם
מן הריב עוב ונתן השוב רב · ואייב חושב עלין שיעשה מתוך
ענין זה אבל אילך אמרו לעמוד הפוך והדין היה אותו לפי מה
שנרעתן כב הדרכם הראשונם כי הפרין עטכב להמון כל מלבך
מתנגב מקמור שהעך שלון כאמרו נזה סוך יהעשל יבון ואם
יעכב יבחין ונל טין שאני רבב ראורי פיומטו על ספר ישויה ם
וסתי הטם וזה הכתוב הנכבד והינרא מענין ירגלת מקצר ענון
ייער הטם המפוש והוא המון בספר יצויה כמערך ב שאמר ט
שם עלון כב אורבור יסוד ג אמור וק כמלעת וזב פעלטו
כב אורטור חתכן מצבו שקלנ המיין צדען וער בהן גמי כל
יצור ונל העניע לשור ורכז ·   והכתוב הן הוא ק
נכבד מייחך וכולל כל הכתוביה והוא תדם קדשיה והוא ראוי ל
לכאים לכם יהוא הולגל המתקיח בכל ובכרטבר יטל הדיטור
הכא מצגדל המגיל על הכא הדברי שהוא סתוב סומע ומטם
יב כאמעשר הסגל הפויל על הכא הדכרי כמו שאמל היב קזל
המוית בחלק ב בפרק לז   והוא נריב אהרב הנבואה ונ
ותמורה והוא עכן רש הסגר מגני הטם המויתך כתי מד שאינ
שאיפטד לוויתך שכבין האדם שאנא היכיא להטיג מתון ט
שהוא כוא הדבור הלְןדהי לו על פיהי ·   ואין ראוי לערעב איחור
מד הרגוב תעתרא קדוט ויתקדט בספר ואי אתעב זולת היה תעשן
מתקבל המלה מד אלא מה ויעור טס בן ודב יטס כן ונב לנו
לשמור לו כו טוס תעורד ואפי כראטי הפרקים ואם כן הנה

II

ראשית הדבור והתחלת החבור, לקבץ כל הצבור קבוץ החכם עם הבור, ולגלות לזה תכלית סוד העיבור, ולהסתיר מזה עניין צורת הטבור, ולתת לכל אחד מהם דרך ענייניהם, ולמסור לאלה מפתח לפתוח שעריהם, ולקחת מאלה הנמצא עמהם עד אשר הראוי יקח חלקו, כפי משפטו וחקו, ויבדוק את בדקו, ויעיד על צדקו, והפכו תדבק לשונו לחכו, אשר לא ידע ערכו, ולא הפר את מלכו, לא במצרים ולא בעכו, ולבעל כרע את ברכו, כי שקר נסכו, ואשר ימצא בנתים, לפי הדרכים השתים, יערכו במערך יושר, כאשר בעיני כל איש יכשר, כי התורה אשר שמה ספר הישר, עץ חיים היא למחזיקים בה ותומכיה מאושר:

Au commencement de la parole et au début de l'assemblée, rassemblant toute la communauté, le sage avec le méconnaissant, et révéler à celui-ci le but ultime du secret de la Conception (*Sod ha-Îbbour*), et cacher à celui-là la matière de la forme du Nombril (*Tabour*). Donner à chacun une voie selon leurs concepts. Distribuer à certains une clé pour ouvrir leurs portes, et en retirer d'autres à ceux qui la détiennent, jusqu'à ce que celui qui est digne prenne sa part, conformément à son droit et à sa loi. Qu'il considère son examen et témoigne de sa droiture. Que sa langue s'attache à son palais, celui qui ne connaît pas sa valeur, et qui ne viole pas son royaume, ni en Égypte ni à Acre. Et pour celui qui s'incline devant Baâl, que son genou soit brisé, car son offrande est fausse. Celui qui se trouve entre deux chemins, qu'il les dispose dans un ordre juste, comme il semble juste aux yeux de tous, car la *Torah*, nommée le *Livre de la Rectitude (Séfér haYashar)*, « *est un Arbre de Vie pour ceux qui la saisissent, et celui qui la tient ferme est rendu bienheureux*[14] ».

וכבר נודע בקבלה מ״ספר רזיאל״ כי מאש״ר בגימטריא ישראל וממנה תודענה כל המתהוות מדרכי סתרי המצוות ובה תתקשרנה התאות המעדנות והמורות המחשבות השוות בעלות האמונות והתקוות:

Il est déjà reconnu dans la Kabbale, d'après le *Livre de Raziel*, que « heureux » (*meoushar*) en *guimatria* correspond à « Israël »[15]. Et c'est de là que seront connues toutes les formations issues des voies secrètes des commandements (*mitsvoth*), et avec cela seront liés les désirs exquis et les pensées amères équilibrées dans les hauteurs des croyances et des espoirs.

ולפיכך ראוי להודיע למעמידי הישיבות אשר בכל הסביבות עניני האותיות והתיבות המורים על מציאות הזכרים והנקבות היחידים והיחידות והרבים והרבות, להבדיל בהם בהבדלות קרובות בין הרעות והטובות ובין המחשבות הצודקות והכוזבות. ויתגלה זה כולו בשבע נתיבות אשר בהן נכללות כל החכמות בשבעים פנים נחתמות לכל הלשונות והאומות:

Et donc, il est approprié d'informer les responsables des *yeshivoth* dans toutes les régions sur les aspects des lettres (*othioth*) et des mots (*tivoth*) qui représentent l'existence des masculins et des féminins, à la fois uniques et multiples, afin de les distinguer avec des différenciations précises entre le bien et le mal, et entre les pensées véridiques et trompeuses. Et cela sera révélé à travers les sept sentiers, dans lesquels sont incluses toutes les sagesses, présentées sous soixante-dix facettes scellées pour toutes les langues et les nations.

והנני כולל ענינים בזאת האגרת למזכרת והיה לכם למשמרת:

Voici, je rassemble dans cette épître des sujets pour mémorisation, que vous pourrez conserver.

---

[14] Proverbes 3:18.

[15] *Meoushar* [מְאֻשָּׁר] = 541 = *Israël* [יִשְׂרָאֵל].

III

SEPT SENTIERS DE LA TORAH

PREMIER SENTIER

הנתיב הראשון כולל הבנת קריאת התורה כפשוטה שאין מקרא יוצא מידי פשוטו. וזו הדרך שבה היא ראויה להמון העם אנשים נשים וטף. וידוע שכל אחד מבני אדם בתחלת הווייתו בילדותו ונערותו הוא מכללם. ואחר שיש בבני אדם קצת אנשים לומדים וקצת נשאר בלתי למוד כלל על דרך הכרת האותיות ונאמר על כל אדם "ועיר פרא אדם יולד" (איוב יא' יב'). הדין נותן שהנמצא בלתי למוד אותיות שימסרו לו קצת קבלות עד שיהיה בעל אמונה מקובלת ואשר יגלגלוהו תוך גלגלו יניעוהו תוך גלגל הפשט עד שיראה כאלו למד וידבק במה שקבל ממנו כמו שידבק בו מי שלמד פשטי התורה כדי לכבשו תחת הנתיב הזה הראשון:

Le premier sentier englobe la compréhension de la lecture de la *Torah* dans son sens littéral, car « *aucun verset ne s'écarte de son sens simple[16].* » C'est la méthode qui convient à la majorité du peuple, hommes, femmes et enfants compris. Il est reconnu que chaque personne, au début de sa vie, dans son enfance et sa jeunesse, fait partie de cette catégorie. Plus tard, parmi les êtres humains, certains poursuivent des études tandis que d'autres restent entièrement ignorants de la connaissance des lettres, et il est dit de chaque personne : « *Ânon sauvage, l'humain naît[17].* »

Le Jugement (*Din*) établit que pour celui qui ne connaît pas les lettres, certains enseignements de la tradition doivent lui être transmis jusqu'à ce qu'il atteigne une foi reconnue et acceptée. Il doit être guidé dans son propre cercle, et amené progressivement dans le cercle du *Peshat* (sens littéral), jusqu'à ce qu'il paraisse avoir appris, et qu'il adhère fermement à ce

---

[16] Shabbath 63a. « *Rav Qahana dit à Mar, fils de Rav Houna : Ceci est écrit en référence à des questions de Torah. Il lui dit : un verset ne s'écarte pas de son sens simple (littéral).* »
[17] Job 11:12.

qu'il a reçu, de la même manière que celui qui a étudié le sens littéral de la *Torah* s'y attache, afin de rester fermement ancré dans ce premier sentier.

DEUXIÈME SENTIER

הנתיב השני כולל הבנת הקריאה בפירושים רבים אבל הכולל אותם הוא שהם מתגלגלים סביב גלגל הפשט ומקיפים בו מכל צדדיו, כענין המשנה והתלמוד שהם מגידים ביאור פשטי התורה, כענין ערלת הלב שהתורה צותה למול אותו. שנאמר "ומלתם את ערלת לבבכם" (דברים י' ט"ז). ולפי הפשט לא יתכן לקיים זו המצוה לעולם אם כן צריכה פירוש והוא כמו שנאמר "ומל יי אלהיך את לבבך" וגו' (דברים ל' ו'), ובא אחריו "ושבת עד יי אלהיך". אם כן מלת הלב היא לקיחת דרך אל התשובה לשם ית'. ואין מילת בן שמונת ימים כמוה שאי אפשר לפרשה תשובה כמו שחשבו ערלי הלב וערלי הבשר. ואם כן מילת הילד היא כפשוטה בהכרח והוא לתועלת רבות כבר נתגלו קצתן לנו שבח לאל:

Le deuxième sentier englobe la compréhension de la lecture à travers de multiples commentaires. Toutefois, l'élément qui les rassemble tous est qu'ils gravitent autour du cercle du sens littéral (*Peshat*) et l'encerclent de tous côtés. Cela est semblable à l'approche de la *Mishnah* et du *Talmud*, qui offrent des clarifications sur le sens littéral de la *Torah*, comme dans le cas de l'incirconcision du cœur que la *Torah* ordonne de circoncire. Comme il est dit : « *Vous circoncirez donc le prépuce de votre cœur.*[18] »

Selon le *Peshat*, il n'est pas possible d'accomplir cette *mitsvah* éternellement, une explication est donc nécessaire. Comme il est dit » « *Et Yhwh, ton Dieu, circoncira ton cœur etc.*[19] », précédé de : « *et tu reviendras jusqu'à Yhwh, ton Dieu* ». Donc, la circoncision du cœur signifie emprunter la voie de la *Teshouvah* vers le Nom, béni soit-Il.

La circoncision d'un enfant à huit jours ne peut pas être interprétée de la même manière qu'une *Teshouvah*, contrairement à ce que pensent ceux qui sont incirconcis de cœur et de chair. Par conséquent, la circoncision de l'enfant doit nécessairement être comprise dans son sens littéral et

---

[18] Deutéronome 10:16.
[19] Deutéronome 30:6.

possède de nombreux avantages, dont certains nous ont déjà été révélés, en louange à *Él*.

TROISIÈME SENTIER

והנתיב השלישי כולל הבנת הקריאה על צד דרשות והגדות. וגלגליהן מקיפים שני הגלגלים הנזכרים כענין אומרם ז"ל למה לא נאמר ביום השני כי טוב מפני שלא שלמה מלאכת המים וכן כל כיוצא בו. והנה קראו זו הדרך דרש להורות שבה אפשר לדרוש ולחקור ולדרוש בה גם כן ברבים לאזני כל. וכיוצא בזה קראו גם כן אגדה או הגדה והראשון ענינו משך והוא תרגום והוא טוב למשיכת הלבבות אל דרך טובה. והשני ענינו ספור דברים נאים שהשומע חפץ להקשיבם בתאוה:

Le troisième sentier englobe la compréhension de la lecture à travers les *Drashoth* (interprétations homilétiques) et les *Haggadoth* (récits allégoriques ou narratifs). Leurs sphères d'influence entourent et englobent les deux premiers cercles mentionnés, comme illustré par l'explication des sages : « *Pourquoi ki tov (que c'est bon) n'est-il pas mentionné le deuxième jour ? Parce que l'œuvre des eaux n'était pas complétée*[20] », et d'autres exemples similaires.

Ainsi, cette approche est appelée *Drash* pour enseigner, permettant l'interprétation, la recherche et l'exposition publique pour tous les auditeurs. De même, on nomme également cela *Aggadah* ou *Haggadah*, dont le premier sens est « attirer », comme une traduction, utile pour attirer les cœurs vers une voie positive. Le deuxième sens est de raconter des histoires plaisantes, des récits que l'auditeur écoute avec désir et intérêt.

QUATRIÈME SENTIER

והנתיב הרביעי כולל המשלים והחידות שבכל הספרים. ומזו הדרך מתחילים היחידים להבדיל מהמון העם כי ההמון יבינום על אחד משלשת הדרכים הנזכרים קצתם יקחום כפשוטם וקצתם יפרשום וקצתם יבינום כדרשות והיחידים ישיגו שהם משלים ויחקרו במשליהם. ובזה יקרה להם שמות משותפים גם כן כמו שהתבאר ענינם מן המורה:

Le quatrième sentier inclut les paraboles et les énigmes de tous les écrits. Par cette méthode, les individus se distinguent

---

[20] Beréshith rabba 6:6, sur Genèse 1:6 à 9.

de la masse, car la majorité interprète ces paraboles selon l'un des trois premiers sentiers : certains les prennent au sens littéral, d'autres les interprètent, et d'autres encore les comprennent comme des enseignements moraux ou homilétiques. Les individus, cependant, reconnaissent qu'il s'agit de paraboles et s'engagent dans une recherche approfondie de leur signification. Ainsi, ils acquièrent également des connaissances et des noms communs (homonymies), tel qu'expliqué par le *Guide*[21].

CINQUIÈME SENTIER

והנתיב החמישי כולל דרכי הקבלות התוריות לבד. וארבע הנתיבות הנזכרות לפני זו הנתיבה כל האומות משתתפים בהם, המוניהם בשלשה מהם וחכמיהם ברביעית עמם וזולתם. ואמנם זו החמישית היא תחלת מדרגות חכמי הקבלה הישראלים לבד והיא שבה נבדלו מכל ההמון שבעולם ומחכמי אומות עולם ומחכמי ישראל הרבנים בעצמם המתגלגלים תחת שלשת הגלגלים הנזכרים. והמשל על זו הדרך כגון ההוראה שתורתנו המורה באות הראשונה שבה שהיא ב של בראשית שצריכה להיות רבתי. וכ״ב אותיות גדולות הן בכל כ״ד ספרים וכגון ח של וחרה שראויה להיות כזאת, ושני נוניין הפוכים ויהי בנסוע הארון כאלה נ ׃. ורבים כיוצא בהם מהמקובלות לפי המסורת מבית ומחוץ. ומלאין וחסרין ואותיות מלופפות ועקומות וכיוצא בם שהם מינים רבים. ולא נתגלה מאמתתם דבר לשום אומה זולתי אומתינו הקדושה. והדורך דרך האומות יתלוצץ מהן כי יחשיב בם שנכתבו לבטלה והם להטעאות הקבלה וטעו בם טעות גדולה. ואמנם היודעים אמיתת נתיבותיהם הכירו מעלותיהם והתבאר להם מסתריהם כי קדש הם. וזו הדרך היא התחלת חכמת צירוף האותיות בכללה ואינה ראויה אלא ליראי השם ולחושבי שמו לבדם:

Le cinquième sentier inclut exclusivement les méthodes des enseignements de la Kabbale. Les quatre premiers sentiers mentionnés précédemment sont partagés par toutes les nations : les masses générales dans les trois premiers, et leurs sages, ainsi que d'autres, dans le quatrième. Cependant, ce cinquième sentier est le début des niveaux spécifiques aux sages de la Kabbale israélite seulement, et c'est à travers lui qu'ils se distinguent de l'ensemble de la population mondiale, des sages des nations du monde et même des sages d'Israël, les rabbins, qui sont compris dans les trois premières sphères mentionnées.

---

[21] Il s'agit du *Guide des Perplexes* de Maïmonide (Rambam). Voir Part I :35,4

L'exemple de cette méthode est, par exemple, l'enseignement que notre Torah indique que la première lettre, qui est le *béith* [ב] de *Beréshith* [בְּרֵאשִׁית] (« *Au commencement* »), doit être écrite plus grande. Et il y a 22 grandes lettres dans les 24 livres [de la *Torah*], comme le *ħéith* [ח] de *veħarah* [וְחָרָה] (« *et s'embrasera*[22] ») qui doit être de cette taille, et les deux *nouns* [נ] inversés dans *vayehi binessoâ haAron* [וַיְהִי בִּנְסֹעַ הָאָרֹן] (« *Et c'est au départ de l'Arche*[23] »), comme ceci : נ נ .Et il y en a beaucoup d'autres semblables parmi les traditions reçues, tant en interne qu'en externe.

Les lettres pleines et manquantes, les lettres tordues et courbées, et d'autres variantes de ce type sont nombreuses. Leur signification profonde n'a été révélée qu'à notre sainte nation, et non à d'autres peuples. Ceux qui suivent les voies des autres nations se moqueront de ces particularités, les considérant comme sans importance ou écrites sans raison, alors qu'en réalité, elles sont essentielles à la compréhension de la Kabbale. En négligeant leur importance, ils commettent une grande erreur.

En réalité, ceux qui connaissent la vérité de leurs sentiers ont reconnu leur supériorité et leurs mystères leur ont été révélés, car ils sont saints. Et cette voie est le commencement de la Sagesse de du *tséirouf* des lettres dans son intégralité. Elle convient uniquement à ceux qui craignent *HaShém* et à ceux qui méditent profondément sur Son Nom.

Sixième sentier

והנתיב השׁשׁי הוא נתיב עמוק עמוק מי ימצאנו. ועל דרך זו נאמר "ארוכה מארץ מדה ורחבה מני ים" (איוב יא׳ ט׳), והיא ראויה לנזכרים המתבודדים ברצותם להתקרב אל השם קרבה שיהיה פעלו ית׳ ניכר בם עצמם. ואלה הם הבאים להדמות בפעלם אל פעל השכל הפועל. ושם זו הנתיבה כולל סוד שבעים לשונות שהוא בגימטריא צירוף האותיות והיא השבת האותיות אל חומרם הראשון בהזכרה ובמחשבה על דרך עשר ספירות בלימה שסודם קדוש. וכל דבר שבקדושה אינו פחות מעשרה ולא עלה משה למעלה מעשרה ולא ירדה שכינה למטה מעשרה.

Le sixième sentier est un sentier « *profond, profond … qui le trouvera* [24] ? » Sur cette méthode, il est dit : « *Sa mesure est plus longue que la terre, plus large que la mer* [25] ». Elle convient à ceux qui ce qui sont mentionnés, qui se retirent en solitude dans leur quête de se rapprocher d'*Hashém*, de telle sorte que Son action, béni soit-Il, soit manifeste en eux-mêmes.

Ces individus atteignent dans leur action une similitude avec l'Intellect Agent. Le nom de ce sentier englobe le secret des « soixante-dix langues » (*shivîim lashonoth*), qui, en *guimatria*, correspond à la « combinaison des lettres » (*tséirouf haOthioth*)[26]. Cela implique le retour des lettres à leur matière première à travers l'*Hazkarah* (Évocation) et la méditation, selon la méthode des dix *Sefiroth-Belimah*, dont le mystère est saint. Et tout ce qui est saint n'est pas inférieur à dix. Moïse n'est pas monté au-delà de dix et la *Shekhinah* n'est pas descendue en dessous de dix.

ובעשרה מאמרות נברא העולם ובעשרת הדברות נתנה התורה והעשרות המורים על זה הם רבים. ותחת זו הדרך גימטריא ונוטריקן וחילופים ותמורות וחילופי חילופים וחילופי חילופי חילופיהם עד עשרה חלופין וזה מפני חולשת המחשבות האנושיות שאין לחילופן קץ. כי הם דומים לפרטי היצורים שאין להם קץ ואף על פי שחמרם אחד צורותיהן מתחלפות ובאות עליו זו אחר זו סוד זו:

« *Avec Dix Énonciations (amaroth) le monde a été créé* [27] », et la *Torah* a été donnée avec les Dix Paroles (*Dibroth*). Les allusions à ces dix sont nombreuses. Sous cette méthode, on trouve la *guimatria*, le *notariqon*, les substitutions (*ħiloufim*), les permutations (*temouroth*). Les substitutions de substitutions, et les substitutions des substitutions des substitutions, jusqu'à dix niveaux de substitutions. Ceci est dû à la limitation des pensées humaines, car les possibilités de substitutions sont infinies. Elles sont comparables aux détails de la Création qui sont sans fin, et bien que leur matière est une, leurs formes changent et se succèdent les unes après les autres, suivant un mystère caché.

---

[24] Ecclésiaste 7:24.
[25] Job 11:9.
[26] *Shivîim lashonoth* [שִׁבְעִים לְשׁוֹנוֹת] = 1214 = *Tséirouf haOthioth* [צֵירוּף הָאוֹתִיּוֹת].
[27] Pirkéi Avoth 5:1 & Pirkéi DeRabbi Eliezer 3:12.

ודעת ר׳ אברהם בן עזרא ז״ל בטלוה בזו הדרך לפי מה שאמר בפירוש התורה בענין
אליעזר על גימטריא שלו שעולה שמונה עשר ושלש מאות ונאמר עליו בעניו ״וירק
את חניכיו״, חניכו כתיב וזהו אלעזר. ואם הוא דרש ובן עזרא אמר על זה, לא דברה
תורה בגימטריא שאם כן יעשה אדם מן הרע טוב ומן הטוב רע. ואיני חושב עליו
שנעלם ממנו ענין זה אבל אולי אמרו להסתיר הסוד, והדין היה אתו לפי מה
שזכרנוהו בשלשת הדרכים הראשונים כי ספרו נכתב להמון כולו מלבד מקצת
מקומות שהעיר עליו באמרו ״וזה סוד זה המשכיל יבין ואם יזכה יבחין״:

Sache que Rabbi Abraham Ibn Ezra[28], de mémoire bénie, a
rejeté cette méthode, selon ce qu'il a dit dans son commentaire
de la *Torah* à propos d'Éliêzér et de la *guimatria* de son nom
qui s'élève à trois cent dix-huit[29]. Il est dit à ce sujet : « *il arma*
trois cent dix-huit de ses jeunes initiés (ħanikaïv)[30] ». « *Son initié* »
(*ħaniko*[31]) est Éliêzér. Bien qu'il ait interprété ce passage, Ibn
Ezra affirme que la *Torah* ne s'exprime pas par la *guimatria*, car
sinon cela conduirait à transformer le mal en bien et vice
versa. Je ne pense pas qu'il ait ignoré cette idée, mais il se
pourrait qu'il l'ait exprimée pour en dissimuler le secret. Son
Jugement (*Din*) est conforme à ce que nous avons mentionné
pour les trois premières méthodes, car son œuvre a été écrite
pour le grand public, à l'exception de quelques passages où il
indique : « *Et ceci est un secret, que le maskil comprenne, et s'il est*
méritant, il discernera ».

וכל שכן שאני כבר ראיתי פירושו על ספר יצירה (של הראב״ע) וספר השם וזה
הנתיב הנכבד והנורא ממנו יתגלה מקצת ענין ידיעת השם המפורש והוא הרמוז
בספר יצירה בפרק ב׳, נאמר שם עליו ״כ״ב אותיות יסוד ג׳ אמות וז׳ כפולות ויב׳
פשוטות, כ״ב אותיות חקקן חצבן שקלן המירן וצרבן וצר בהן נפש כל יצור וכל
העתיד לצור״ וכו׳:

D'autant plus que j'ai déjà consulté son commentaire sur le
Séfér Yétsirah (de Rabbi Abraham Ibn Ezra) et sur le *Séfér*
HaShem. Ce sentier estimé et impressionnant révèle un aspect
de la connaissance du *Shém haMeforash*, mentionné dans le
Séfér Yétsirah, chapitre 2. Il est dit à ce sujet : « *22 lettres*
fondamentales : trois mères, sept doubles et douze simples.

---

[28] Abraham Aboulâfia était Tudélan tout comme Abraham Ibn Ezra. Aboulâfia a sans
doute étudié dans l'académie créée par ce dernier.
[29] Éliêzér [אֱלִיעֶזֶר] = 318.
[30] Genèse 14:14.
[31] Le yod du pluriel est retiré.

22 lettres : Il les a gravées, sculptées, pesées, permutées et combinées, et avec elles, Il a formé l'âme de tout ce qui a été créé et de tout ce qui sera créé », et ainsi de suite.

SEPTIÈME SENTIER

והנתיב שביעי הוא נתיב מיוחד וכולל כל הנתיבות והוא קדש קדשים והוא ראוי לנביאים לבדם והוא הגלגל המקיף בכל, ובהשגחתו יושג הדיבור הבא מהשכל הפועל על הכח הדברי שהוא שפע שופע מהשם ית' באמצעות השכל הפועל על הכח הדברי.

Le septième sentier est un sentier unique, qui englobe tous les autres sentiers. Il est le Saint des Saints et est réservé exclusivement aux prophètes. C'est le cercle qui entoure tout, et par sa Providence, on atteint la Parole (*Dibbour*) qui émane de l'Intellect Agent agissant sur la puissance du verbe. Ceci est l'abondance (*Shefâ*) qui jaillit d'*HaShém* à travers l'Intellect Agent influençant la puissance du verbe.

כמו שאמר הרב ז"ל ב"מורה" בחלק ב' בפרק לו' והוא נתיב אמתת הנבואה ומהותה. והוא ענין דעת השגת מהות השם המיוחד כפי מה שאפשר למיוחד שבמין האדם שהוא הנביא, להשיג ממנו שהוא ברא הדיבור האלוהי לו על פיהו:

Comme l'a expliqué le *Rav* (Maimonide), de mémoire bénie, dans le *Guide* deuxième partie, chapitre trente-six, il s'agit du sentier de la véritable nature de la prophétie et de son essence. Cela concerne la compréhension de l'essence du Nom d'Unification, tel que cela est possible pour l'individu le plus spécifique parmi les êtres humains, le prophète, de percevoir de Lui, qui a créé la Parole divine (*Dibbour*) à exprimer par sa bouche.

ואין ראוי לכתוב איכות זה הנתיב הנקרא קדוש ומקודש בספר, והיא אפשר זולת היות חושקו מקבל מקבל פה אל פה ידיעת שם בן מ"ב ושם בן ע"ב למסור לו בו שום מסורות ואפילו בראשי פרקים:

Il n'est pas approprié d'écrire la nature de ce sentier, appelé saint et sanctifié, dans un livre. Cette connaissance est plutôt accessible par le biais du désir l'adepte de la Kabbale de recevoir d'abord oralement (bouche à bouche) la connaissance du Nom de 42 lettres et du Nom de 72 lettres, afin de lui transmettre ces enseignements et chaque tradition qui y est associée, y compris les principes fondamentaux.

ואם כן הנה כבר כללתי לך בדברי אלה שהם בתכלית הקיצור לפי מה שצריך לדבר בם עניני ז׳ נתיבות שכל התורה נכללת בהן. וזה מספיק לפי מה שכוונתי אליו להתחיל בו בזאת האגרת שאני שולח לך אחי הנכבד כבוד ר׳ אברהם הנקרא בשמי אברהם לכבוד השם ולכבוד אברהם אבינו ע״ה:

Ainsi, j'ai déjà résumé pour toi, dans ces paroles, qui sont d'une grande concision, ce qu'il est nécessaire de dire sur les sept sentiers au sein desquels toute la *Torah* est incluse. Cela est suffisant, par rapport à mon intention de commencer avec cela dans cette épître que j'envoie à toi, mon frère estimé, honorable Rabbi Abraham, portant mon nom, Abraham, pour la Gloire d'*Hashém* et pour la Gloire de notre père Abraham, de mémoire bénie.

IV

À présent, je commencerai avec des vers et des allusions concernant l'échelle de la *Torah*, dont les sommets sont inversés, comme des anges montant et descendant, arrangés.

אברהם אב רחם ירד

אברהם אב רחם עלה

ממי שלג הכיר ברד

מים מבור עמק דלה

Abraham, père aimant, est descendu,
Abraham, père aimant, est monté,
De l'eau la neige, il reconnaît la grêle,
Des eaux du puits profond, il a puisé.

Explications des vers ci-dessus : Dans ces lignes, Abraham Aboulâfia se place comme un médiateur entre le divin et le terrestre. Les références à l'ascension et à la descente sont le « *soulam* », l'échelle de Jacob où une énergie monte et l'autre descend. Les 26 lettres des deux premiers versets servent d'initiales à chaque vers de la colonne de droite du poème en rimes ci-dessous. Les 26 autres, aux vers de la colonne de gauche.

On observe que le 26 est divisé en 13 descendants et 13 montants. Il s'agit évidemment d'une allusion au nom Tétragramme *Yhwh*, dont la *guimatria* est 26 et qui se divise en « *ahavah* » (amour) et « *éhad* » (unité), ayant chacun une *guimatria* de 13.

Il mute de *hé* de Abraham en *héith*, pour transformer le nom en *av-raham* [אָב רַחַם], « père-aimant ». Il est possible, qu'en que mystique exclu des siens, il voit dans *raham* l'anagramme de *hérém*, l'exclusion, l'excommunication.

Le premier et le troisième versets ont une rime en « *rad* », qui exprime la « descente ». Le deuxième et le quatrième verset riment en « *lah* », pour « monter » et « puiser » (tirer vers le haut).

⇩			⇩
⇩	מוציאם השכלים העלולים:	אמת סולם בראו צור להורות:	⇩
⇩	ידועים ללבבות המהולים:	בלימה הם שמם עשר ספירות:	⇩
⇩	מסורים באמונה לשכלים:	ראה משכיל עשרה מאמרות:	⇩
⇩	מקובלים אבל עולים ויורדים:	הליכות התנועות הדברות:	⇩
⇩	באותיות מצורפים שקולים:	מזוגים מבלי מזג יצירות:	⇩
⇩	ומאזניהם הברות והבלים:	אניתם מלאה מסחורות:	⇩
⇩	רקיעים עם יסודות השפלים:	ברוחם נשקלו כל התמורות:	⇩
⇩	עקבם ראש לראשי הפעלים:	רחוקים ממאורי המאורות:	⇩
⇩	מקורם מקור חיים כפולים:	חברות הלשונות בם קשורות:	⇩
⇩	קרואים נעבדים לבעלים:	מכנים שם שפחות לגברות:	⇩
⇩	דרשום וחק רום מאצילים:	יחידים כאבנים היקרות:	⇩
⇩	להלל בם אדון המהללים:	רצופים הם מסודרים כשירות:	⇩
⇩	היות הם בשם השם כלולים:	דבקים על דמות חמר בצורות:	⇩
⇧	דעו מי הוא יסוד ערים בצורות:	המוני עם פרטים עם כללים:	⇧
⇧	רמוסים מבלי חקים ותורות:	לבוש מעי הלא הוים וכלים:	⇧
⇧	בלי מדע נפשות נאסרות:	ענו לי אם בגופי הכסילים:	⇧
⇧	רצוים מבלי שעות גמורות:	מנבא יה לבבות נאצלים:	⇧
⇧	יראים מפשעים ועבירות:	חכי חושק להחכים השכלים:	⇧
⇧	כתבם צור באותיות בהירות:	רמזים מלאו לוחות פסולים:	⇧
⇧	הלא הם תוך צרור חיים צרורות:	בכל לשון נתיבות המשלים:	⇧
⇧	גויתם לבר אצלם שמורות:	אבל אישים בלי מדע אוילים:	⇧
⇧	לפי דעת בני זרים וזרות:	מתוקים מדבש דברי נבלים:	⇧
⇧	שאר התאוות בלי סדורות:	הנאות גוף ערובות על שבילים:	⇧
⇧	יקר הדת וקבלות מסורות:	ריו שלם ומספריו מגלים:	⇧
⇧	מסרס לחקור בם בכל חקירות:	בחרם צור בארבעה דגלים:	⇧
⇧	מצורפים בלבנו להורות:	אמת אתם שמות שרים עלולים:	⇧

Traduction de la colonne 1, descente, dont les initiales sont : אַבְרָהָם אָב רַחַם יָרַד. La rime en « *oth* », féminin pluriel, suggère que la descente d'énergie est de nature féminine.

⇩	*Éméth* (Vérité) est un roc, une échelle façonnée pour enseigner,
⇩	*Belimah* (Dans l'indicible), sont nommées dix *Sefiroth*,
⇩	Le *maskil* discerne dix Énonciations,
⇩	Les mouvements, les voyelles, les paroles,
⇩	Des connexions pures forment les créations,
⇩	Leurs navires débordent de richesses,
⇩	En leur esprit, toutes les permutations sont mesurées,
⇩	Loin des lumières des luminaires,
⇩	Les langues sont tissées dans leur interconnexion,
⇩	Nommant la domination comme servitude,
⇩	Uniques comme des pierres précieuses,
⇩	Alignés, ordonnés comme des poèmes
	Adhérant à la forme de l'argile dans des formes.

Traduction de la colonne 1, montée, dont les initiales sont : אַבְרָהָם אָב רַחַם עָלָה. La rime en « *im* », masculin pluriel, suggère que la montée d'énergie est de nature masculine. Il est possible que ces vers doivent se lire de bas en haut.

⇧	La multitude, dans ses détails et ses généralités,
⇧	Vêtus de l'intérieur, ni existants ni réceptacles,
⇧	Interrogez, si dans les corps des fous,
⇧	Que *Yah* prophétise pour les cœurs nobles,
⇧	Désir ardent de sagesse chez les fous,
⇧	Des allusions remplissent les tablettes rejetées,
⇧	Dans chaque langue, les voies des métaphores,
⇧	Mais les hommes ignorants sont vraiment des fous,
⇧	Plus doux que le miel, les mots des malveillants,
⇧	Les plaisirs corporels sont des garanties sur les chemins,
⇧	Sa vision complète, ses nombres révèlent,
⇧	Engagé par le Rocher avec quatre bannières,
	Vérité (*Éméth*), vous êtes les noms des princes compétents.

Traduction de la colonne 2, descente, dont les initiales sont : מְמִי שָׁלָג הֵכִיר בָּרָד. La rime en « *im* », masculin pluriel, suggère que la montée d'énergie est ici de nature masculine.

⇩	Les intellects sublimes les manifestent,
⇩	Reconnus des cœurs circoncis,
⇩	Fidèlement transmises aux intellects,
⇩	Kabbalistes, mais fluctuant entre ascension et descente,
⇩	Composés de lettres combinées et pesées,
⇩	Leurs équilibres sont entre le substantiel et le futile,
⇩	Les cieux les lient aux fondements les plus humbles,
⇩	Leur fin est le début des principaux actes,
⇩	Leur origine est une source de vie double,
⇩	Appelés à servir les maîtres,
⇩	Recherchés et définis par les nobles,
⇩	Pour glorifier avec eux le Seigneur des louanges,
	Des êtres inclus dans le Nom *HaShém*.

Traduction de la colonne 2, montée, dont les initiales sont : מִיָם מְבּוֹר עָמֵק דְּלָה. La rime en « *oth* », féminin pluriel, suggère que la descente d'énergie est ici de nature féminine. Il est possible que ces vers doivent aussi se lire de bas en haut.

⇧	Connaissez le fondement des villes dans leurs formes,
⇧	Piétinés, sans respect pour les lois ou les enseignements,
⇧	Sans connaissance, les âmes sont captives,
⇧	Désirés, mais sans moments accomplis,
⇧	Effrayés par les fautes et les transgressions,
⇧	Leur forme est tracée par le Rocher en lettres lumineuses,
⇧	Ne sont-ils pas confinés dans le faisceau des vivants ?
⇧	Leurs corps extérieurs sont gardés,
⇧	Selon la perception des étrangers et de l'étrangeté,
⇧	Les autres désirs désordonnés,
⇧	La religion est précieuse, tout comme les traditions transmises,
⇧	Autorisé à enquêter sur eux dans toutes les recherches,
	Combinés (fondus) dans notre cœur pour enseigner.

אברהם אב רהם ירך · אברהם אב רהם שלה ·

ממי עולה הביר כרד · מים ניכר עמק דלה ·

לצאנר העולם העלים · אמר עולם כראו עד להוינר

ידושים לחבור החולים · בלגנה הם שמם עשר סיוור

מעורים כאמתה לעולם · ראה מעול עשרה מאוורר

מעולים אבל יורים ועולם · הולכור העשיר הזכור

כאומור ויצורים שעלים · מעונה מכל מזן יצוור

ומאמנהם הבור עולם · אב הם מלאו מסתוורני

ידעים עם יסודות הטבעים · כרגם נטמל על הצוונור

מקבם ראש לראש הדולם · רמזקים מאוור היאוורק

יתקונם ותחקור חיים כעולם · הכרות הטוער כם קטורו

קורא·ים כעכרים הכעלים · וכעם עם שמחות לכבור

ורשום נתרנים מאעולים · יחידים שבנשא היקרור

דם אדון העולם · ירל חים הם מעוודים כשיור

הניור הם כשם השם כל עולם · זהרים על דמור חיי כצוור

המוני עם פרעים עם דלים ·   דען מי הוא יסוך עי ס כצעוו

לכן שמעו הלא היים ודלים ·   דעיסים וכל חיים והויו ·

עוע לי אם רעפי הכסילים ·   דל מדע עשור שאסרו ·

ונבא יה לעבוד נאצלים ·   רשים ובל שעור ואוד ·

הכי תושין להחיים הסכלים   יראים מעשים ועבדו

רחמין עלאו לעחור פסולים   חכם עור כאוריו בחירו

וגדל לשון נדבר המשלא ·   הלא הן הד צוו חיים צוידו

אבל אישים בלי ודע אוילים ·   ועורם לבך אעלא שאודו ·

מתוקים מזבל דברי נבלים   לע ועור בב עדים וחדו

האור דל עדו על סעכם   שאר הדאוו כלב סדודו

דון שלא וחסועין עלכם   ותד הדר וכלו חיודו ·

כתים עור כאדכעה דעלוס   וסרס לחקנד ס כל חייו ·

אחד אדם שעור עים עלולם   וידעים כלבן לחידו ·

שמעו כי עדים אדבר   ותמצא שמי מעשים

V

"שמעו כי נגידים אדבר ומפתח שפתי מישרים" (משלי ח' ו'):

*« Entendez, car j'ai des choses importantes à dire,
la clé de mes lèvres est rectitudes.[32] »*

תרתי בלבי ועיינתי שכלי וידעתי סוד מכתבך ויסוד מחשבתך כאשר בקשת וכוונת בו להודיעני אמתתו ומהותו והכרתי והבנתי מתוך דבריך הנעימים ומקרב מאמריך היפים המורים והמודיעים לנו רוב השגותיך ותשוקת נפשך בחכמות העליונות ובהשגות הרוחניות המוציאות שכל כל משכיל מן הכח אל הפועל.

« J'ai réfléchi dans mon cœur[33] » et scruté mon intellect, et j'ai compris le secret de ton courrier et le fondement de ta pensée, tel que tu l'as demandé et intentionné pour m'informer de sa vérité et de son essence. J'ai discerné et compris cela à travers tes paroles plaisantes et tes propos beaux et instructifs, qui nous révèlent l'étendue de tes réalisations et le désir de ton âme pour les sagesses supérieures et les compréhensions spirituelles qui font passer l'intellect de chaque *maskil* du potentiel à l'acte.

ובראותי כי כן הנה שמחתי שמחה מאד, שמחת עולם עם טוב מציאותך והויתך ומיד נקשרה נפשי בנפשך קשר אמיץ ונדבקה רוחי ברוחך דבוק חזק וכל דבריך ישרו בעיני והיטבת דבר כאשר דברת בם כי הם כולם דברים שבאו מופתים על אמתתם בכלל. רק בפרט אחד שבם ראוי להקשות עליך קושיה גדולה ולא עוד אלא שבו בעצמם אתה מקשה על עצמך ודבריך סותרים בו זה את זה.

En constatant cela, j'ai ressenti une immense joie, une joie éternelle concernant la valeur de ton existence et de ton être. Immédiatement, mon âme s'est solidement liée à la tienne, et mon esprit s'est fermement attaché à ton esprit. Toutes tes paroles me semblent justes, et tu as bien parlé, comme tu l'as

---

[32] Proverbes 8:6.
[33] Ecclésiaste 2:3.

35

exprimé, car elles sont toutes des paroles qui démontrent clairement leur vérité. Cependant, il y a un point spécifique sur lequel il convient de te questionner sérieusement, et plus encore, tu te contredis toi-même sur ce point, et tes propres paroles se contredisent.

וקל עלי לבלתי חשדך על שנעלמה הסתירה שבין דבריך מעיניך מפני שנראה לי בדבר ההוא שבמרירות לבך דברת בו. רק אני צריך לעוררך על הסתירה בעצמה האלהית ואח"כ אודיעך הקושיה העמוקה דרך אהבה וחבה. ואהיה כמעורר ישן שחושב להיות ער כשאינו מכיר במהות שנתו ובאמתת תרדמתו. ואחבר אל הפרט ההוא עם הקושיה תמה אחד ופלא מחודש אצלי והוא קרוב לדעתי להיותו נמנע והיה אצלך מחויב לפי דבריך:

Il m'est aisé de ne pas te soupçonner d'avoir manqué la contradiction entre tes paroles, car il me semble que tu as abordé ce sujet avec une certaine amertume de cœur. Néanmoins, je me dois de te sensibiliser à la contradiction présente dans l'essence même du divin. Par la suite, je t'exposerai une question profonde avec amour et affection. Je serai comme celui qui réveille un endormi qui croit être éveillé, alors qu'il ne reconnaît pas la nature de son sommeil ni la vérité de son état de torpeur. Et je lierai ce détail à une question étonnante, un prodige renouvelé pour moi, qui me semble être un paradoxe, tandis qu'il te paraissait incontestable selon tes propres mots.

ואומר שהסתירה שבאה בדבריך היא היותך מוסר דינך ליודעים שיעידוך על האיש הנעלה שהסתרת שמו ממנו מפני שמחה על מה שאין בידו למחות והוא שמחה על מה שלא ידע. והנה גנית אותו במה שידע ואתה אינך בקי באותה הידיעה שלו ואיך האשמת על היותו מוחה על מה שלא ידע ולא האשמת עצמך תחילה על היותך ממחה על מה שלא ידעת. זאת היתה כונתי בענין הסתירה ואמנם קראתיה עוד בשם סתירה מפני שאמרת בסוף הענין ההוא שהוא זריז בו ובקי בעניינו כי אין דרכו דרך טובה ושכחת דרכך וחייבת לה הדרך הנבחרת בכלל והיא ששללת אותה מדרכו בכלל:

Je dis que la contradiction dans tes paroles réside dans le fait que tu as confié ton jugement à ceux qui te connaissent pour qu'ils portent témoignage contre l'homme éminent dont tu as caché le nom, car tu te réjouis de ce que tu ne peux réfuter et de ce que tu ne sais pas. Or, tu condamnes cet homme pour sa connaissance, alors que tu n'es pas expert en la matière. Comment peux-tu alors le blâmer pour contester ce qu'il ignore, sans d'abord te reprocher de réfuter ce que tu ne connais pas toi-même ? C'est cela que je visais en parlant de contradiction. En effet, j'ai qualifié cela de contradiction car tu as déclaré, en conclusion de ce sujet, qu'il est zélé et compétent dans son domaine, même si sa méthode n'est pas la meilleure, oubliant ainsi ta propre voie, la voie idéale que tu es pourtant tenu de suivre, mais que tu as complètement rejetée.

ואני אודה לך בשבח דרכך ששבחת שהוא שבח אמיתי וראויה היא אצלי דרך חכמת המחקר לשבחה כי חכמה מופלאה היא באמת. רק היא אצלי ואצל כל מקובל כולם יודע הדרך שגיניתה חכמה קטנה מאד שהחכמה ההיא היא הנבואית לבדה ואחת היא לאמה ברה היא ליולדתה. "ראוה בנות ויאשרוה מלכות ופילגשים ויהללוה" (שה״ש ו׳ ט׳). ועליה לבדה נאמר "רבות בנות עשו חיל ואת עלית על כלנה" (משלי לא׳ כט׳). כי בלא ספק כל החכמות לה כבנות והיא להן כאם שכולן יונקות ממנה. ובה ישיג האדם השכל הפועל בקלות ובה יתעלה על כל החוקרים והחכמים אשר המיתו עצמם להשיגה. "ועשו כן החרטמים. . . . ולא יכולו" (שמות ח׳ יד׳):

Et je te remercie pour tes éloges de la manière dont tu les as exprimées, car c'est une véritable louange et elle mérite à mes yeux d'être célébrée par la méthode de la sagesse de la recherche (philosophie), car elle est vraiment une Sagesse merveilleuse. Toutefois, à mes yeux et aux yeux de tout kabbaliste, la méthode que tu as critiquée est considérée comme très limitée, car cette Sagesse est uniquement la Sagesse prophétique, « *elle est l'unique de sa mère, la choisie de celle qui l'a enfantée. Les filles l'ont vue, et l'ont dite bienheureuse ; les reines aussi et les concubines, et elles l'ont louée.*[34] » C'est d'elle seule qu'il est dit : « *Beaucoup de filles ont acquis de la vaillance, mais toi, tu les surpasses toutes.*[35] » Car il ne fait aucun doute que toutes les autres formes de sagesse sont comme des filles pour elle, car toutes s'abreuvent à sa source. C'est grâce à elle que l'humain parviendra facilement à l'Intellect Agent. Par elle, il s'élèvera au-dessus de tous les chercheurs et les sages qui ont épuisé leur vie à tenter de l'atteindre. « *Les incantateurs firent de même... mais ils ne purent pas.*[36] »

---

[34] Cantique des Cantiques 6:9.
[35] Proverbes 31:29.
[36] Exode 8:14.

ואחר שדברתי בסתירה והעדותי על מציאותה ועל מקומה אשוב אל הקושיה ואומר שמן הדין הוא להקשות עליך ולמחות בידך על הדרך הפילוסופית שאתה דבקת בה עם היותך ראוי לכך מצד חכמתך. והטעם הוא מפני חשבך שחכמת התורה שנקראת חכמה מביאה לידי רוח הקודש כמו שאבאר זה לפנינו במקומו בע"ה, היא חכמה למטה במדרגה מחכמת הפילוסופית. ואולי זה הענין נעלם ממך ועל כן אצטרך להעירך עליו עד שתתעורר אל אמתת דבר זה משנת השכחה ויוסר לבך ממה שדבקת בו עד היום ושמת אותו תכלית אחרונה: ואמנם ידעתי מטוב שכלך שכבר תתרונן משנת השכרות האולת הקשורה בלבך על זה בעת שתשמע הראיות הברורות מפי ספרי זה כי יתקיים בך מה שכת' בכיוצא בזה "תן לחכם ויחכם עוד הודע לצדיק ויוסף לקח" (משלי ט' ט'):

Après avoir abordé la contradiction et attesté de son existence et de sa place, je reviens à la question et soutiens qu'il est juste de te contester et de remettre en question ton adhésion à la voie philosophique, bien que tu sois qualifié pour cela par ta sagesse. La raison est que tu considères la sagesse de la *Torah*, appelée *Ħokhmah*, qui mène à l'Esprit Saint, comme je l'expliquerai plus tard, si Dieu le veut, comme étant inférieure en rang à la sagesse philosophique.

Peut-être que cet aspect t'a échappé, donc je dois te réveiller à la réalité de cette vérité depuis « *sommeil de l'indolence*[37] ». Ton cœur sera libéré de ce à quoi tu t'es attaché jusqu'à aujourd'hui, le considérant comme le but ultime. Ton cœur sera corrigé de ce à quoi tu t'es attaché jusqu'à présent, le considérant comme le but ultime. Et certes, je sais, grâce à la qualité de ton intellect, que tu te réveilleras de ce sommeil d'ivresse de l'ignorance lié à ton cœur sur ce sujet, lorsque tu entendras les preuves claires de ce livre. Ainsi se réalisera en toi ce qui est écrit dans un passage similaire : « *Ce que tu dis à un sage développe sa sagesse. Ce que tu transmets à un juste augmente son savoir.*[38] »

ואם כן שכבר הודעתיך ענין הקושיה ואמתתה אחבר אל מה שאמרתי התמה והפלא שאמרתי בו, שאתה התהללת והתפארת במה שאי אפשר לשום חכם בעולם להתפאר בו עם היותו מכחיש הקדמות הידיעה שזכרת שכבר ידעתה. והיא אמרך כי סוד השם

---

[37] Expression tiré du Guide du Rambam II:10 : « *C'est ainsi que doit comprendre celui qui veut comprendre les énigmes prophétiques, s'éveiller du sommeil de l'indolence* ».
[38] Proverbes 9:9.

ותנועת מקצת אותיותיו ידעתה ובנשימה הנחה והמפסקת והמאַרכת הבנת ותקון
ממלכת המרכבה שמרת:

Après t'avoir éclairé sur la question et sa vérité, je vais relier cela à l'étonnement et au merveilleux dont j'ai parlé, où tu t'es vanté et glorifié d'une chose qu'aucun sage dans le monde ne pourrait se glorifier, même en niant la connaissance préexistante que tu as mentionnée et que tu avais déjà. C'est ta déclaration selon laquelle tu connaissais le secret du Nom et les mouvements de certaines de ses lettres, que tu avais compris le souffle qui s'arrête, qui se sépare et qui s'allonge, et que tu avais percé l'ordre du royaume du *Merkavah*

והנני צריך עתה לשוב לדבר על זה מעט ולהודיעך מה הפרש יש בין בעלי קבלה
הנבואית ובין בעלי החכמה השכלית בענין זה. ואחל לומר שזה ידוע וברור לכל מי
שלמד גמרא מסכת שבת, שבא בו הכתוב בפרק אמר ר' עקיבא ת"ר הנעלבין ואינן
עולבין שומעין חרפתן ואינן משיבין עושין מאהבה ושמחין ביסורין עליהן הכתוב
אומר "ואוהביו כצאת השמש בגבורתו".

À présent, je dois revenir un peu sur ce sujet pour t'informer de la différence entre les maîtres de la Kabbale prophétique et les maîtres de la sagesse intellectuelle en la matière. Je commence par dire que cela est connu et clair de quiconque a étudié la *Guémara*, traité *Shabbath*, chapitre où Rabbi Aqiva dit : « *Ceux qui sont offensés et ne s'offensent pas, qui entendent leur opprobre et ne répondent pas, qui agissent par amour et se réjouissent dans les souffrances, à leur sujet l'Écriture dit : Ceux qui l'aiment sont comme le soleil, quand il paraît dans sa vigueur'.*[39] »

ושם נאמר עוד אמר ר' יוחנן מאי דכתיב "אדני יתן אמר המבשרות צבא רב", כל
דבור ודבור שיצא מפי הקב"ה נחלק לשבעים לשונות. דבי ר' ישמעאל תנא "כפטיש
יפוצץ סלע" מה פטיש זה מתחלק לכמה ניצוצות אף כל דבור ודבור שיצא מפי
הקב"ה נתחלק לשבעים לשונ'.

Il est également dit ensuite : « *Rabbi Yoḥanan a demandé : Que signifie le verset : 'Adonaï donne parole, les messagères de bonnes nouvelles sont une grande armée' ? Cela signifie que chaque parole émanant du Saint, béni soit-Il, se divise en soixante-dix langues.* » L'école de Rabbi Ishmaël enseigne : « *'Comme un*

---

[39] Talmud Shabbath 88b.

marteau qui brise la roche en morceaux[40],' *tout comme ce marteau se divise en plusieurs étincelles, de même chaque parole émanant de la bouche du Saint, béni soit-Il, se divise en soixante-dix langues.*[41] »

ושם בא עוד אמר רב חנינא בר פפא מאי דכתיב "שמעו כי נגידים אדבר ומפתח שפתי מישרים", למה נמשלו דברי תורה לנגיד לומר לך מה נגיד זה כל העובר על דבריו חייב מיתה אף דברי תורה כל העובר עליהן חייב מיתה.

Il y est aussi dit : « *Rabbi Ḥanina bar Papa a demandé : Que signifie le verset : 'Écoutez, car d'importances (neguidim) je parlerai. La clé de mes lèvres est rectitudes. ? Pourquoi les paroles de la Torah sont-elles comparées à une personne influente (naguid) ? Cela signifie que, tout comme pour un naguid, quiconque transgresse ses paroles est passible de mort, de même, quiconque transgresse les paroles de la Torah est passible de mort.* »

ד"א מה הנגידים הללו קושרים כתרים לאחרים אף דברי תורה קושרים כתרים לאחרים. ד"א מה נגיד בידו להמית ולהחיות אף דברי תורה יש בהן להמית ולהחיות, כדרבא דאמר רבא דאומן לה סמא דחיי דלא אומן לה סמא דמותא. ד"א נגידים כל דבור ודבור שיצא מפי הקב"ה קשרו לו שני כתרים:

Une autre explication : de même que ces *neguidim* confèrent des couronnes à d'autres, ainsi les paroles de la *Torah* confèrent des couronnes à d'autres. Une autre explication : tout comme un *naguid* a le pouvoir de donner la mort et la vie, ainsi les paroles de la *Torah* ont le pouvoir de tuer et de donner la vie, comme l'a dit Rava : « *Pour celui qui y la maîtrise, elle est un élixir de vie. Pour celui qui ne la maîtrise pas, elle est un poison mortel.* » Une autre explication : *neguidim*, chaque parole qui sort de la bouche du Saint, béni soit-Il, lui confèrent deux couronnes.

וביאור שני הכתובים האלה הוא ביאור מופלג עם התולדות המתחייבות ממה שדרשו בהן הנזכרים ז"ל. ואין כונתי להביא דרשות והגדות בענין זה ואע"פ שכבר יגלה לכל משכיל שהם משכני סתרי התורה ואהלי סודות הנבואה וכשידעם המקובל מעניניהם אז יכיר מעלת אומריהם ומדרגת מחבריהם.

L'explication de ces deux versets est une explication extraordinaire, avec les générations qui découlent de ce qu'ont interprété à leur sujet les [Maîtres] susmentionnés, de

---

[40] Jérémie 23:29.
[41] Voir aussi Sanhédrin 34a.

mémoire bénie. Mon intention n'est pas d'apporter des *drashoth* (interprétations) ou des *hagaddoth* (récits) à ce sujet, bien qu'il soit déjà évident pour tout *maskil* que ce sont les demeures des secrets de la *Torah* et les tentes des mystères de la Prophétie. Lorsque le kabbaliste comprend ces sujets dans leur contexte, alors il reconnaît la grandeur de leurs paroles et le rang de leurs auteurs.

ואמנם רמזתים אני פה כדי להעיר על שני עניניהם האחד על סוד הלשונות והשני על היות פירושי התורה סם חיים ליודעיו כראוי כמו שנאמר על זה "ואתם הדבקים ביי אלקיכם חיים כולכם היום" (דברים ד' ד'). והדבקות בשם משותף עם הקיום הנצחי כמו שנאמר "ובו תדבק ובשמו תשבע" (שם יי כ').

En effet, je n'y fais ici qu'allusion afin d'attirer l'attention sur deux sujets : le premier concerne le mystère des langues et le second, le fait que les interprétations de la *Torah* sont un Élixir de vie pour ceux qui les comprennent correctement, comme il est dit à ce sujet : « *Mais vous qui vous adhérés (dvaqim) à Yhwh votre Dieu, vous êtes tous vivants aujourd'hui*[42]. » L'adhésion (*deveqouth*) au Nom assure la persistance éternelle[43], ainsi qu'il est dit : « *En Lui vous adhérerez, et en Son Nom vous prêterez serment.*[44] »

והוא הקיום מצד שמו המפורש ית' וככה בא בדברי משה רבינו ע"ה "וזאת התורה אשר שם משה" וגו' (שם ד' מד'), שפירשו בו זכה סם חיים לא זכה סם המוות. וכן הנביא אומר "כי ישרים דרכי יי וצדיקים ילכו בם ופשעים יכשלו בם" (הושע ידי י'):

Il s'agit de la persistance issue de Son *Shém haMeforash*, béni soit-Il. Il est ainsi venu avec les paroles de Moïse, notre Maître, de mémoire bénie : « *Voici la Torah que Moïse … etc.*[45] », qu'ils ont interprété comme étant un Élixir de vie pour ceux qui la méritent, et un poison mortel pour ceux qui ne sont pas dignes d'elle. De même, le prophète dit : « *Car droites sont les voies de Yhwh, les justes y marcheront, mais les transgresseurs y trébucheront*[46]. »

---

[42] Deutéronome 4:4.

[43] L'immortalité, *Qioum hanitshi* [קיום הַנִּצְחִי], voir le *Guide des Perplexes* Part III 54:8.

[44] Deutéronome 10:20.

[45] Deutéronome 4:44.

[46] Osée 14:10.

ואם כן הנה התורה גם כן קראוה סם המוות למי שלא זכה בה. והמשל עליה כי השמש בחמו המגיע באמצעות האש היסודית והאויר מחמם ופועל פעולות מתחלפות בגופים מתחלפים ואע"פ שהוא אינו לא חם ולא קר ולא פושר. כי אינו מורכב ממזגים אלו ולא מזולתם ואם כן הכל לפי המקבלים שהרי הוא משחיר פני הכובס ומלבין פני הבגד. וכן מתיך הדונג ומקשה הביצה או הדומה לה.

Ainsi, la *Torah* est également appelée « poison mortel » pour ceux qui ne sont pas dignes d'elle. La métaphore utilisée ici [compare la *Torah*] au soleil, dont la chaleur, transmise par le feu primordial et l'air, génère diverses transformations dans différents corps, n'étant lui-même ni chaud, ni froid, ni tiède. Car le soleil n'est constitué ni de ces tempéraments, ni d'autres semblables. Par conséquent, tout réside dans la nature des récepteurs : il noircit le visage de celui qui blanchit le linge, tout en blanchissant le linge lui-même. De la même manière, il fait fondre la cire et durcir l'œuf, ou d'autres éléments similaires.

וכן התורה ממיתה ומחיה לפי המקבלים וכן כתיב "מות וחיים ביד הלשון ואהביה יאכל פריה" (משלי יח כא'). וזו היא לשון הקדש הכוללת שבעים לשונות. ובפרק הנזכר בעצמו נאמר אמר ר' יונתן לעולם אל ימנע אדם עצמו מדברי תורה ואפילו בשעת מיתה. שנאמר "זאת התורה אדם כי ימות באהל" אפילו בשעת מיתה תורה. אמר ר' שמעון בן לקיש אין דברי תורה מתקיימין אלא במי שממית עצמו עליהן שנאמר "זאת התורה אדם כי ימות באהל", אל תיקרי באהל אלא כי ימות בה:

De la même manière, la *Torah* peut être source de vie ou de mort, selon la manière dont elle est reçue. Comme il est écrit : « *La mort et la vie sont au pouvoir de la langue, et ceux qui l'aiment mangeront de ses fruits*[47] ». C'est là l'essence de la Langue sainte, qui embrasse les soixante-dix langues. Dans le même chapitre, Rabbi Yonathan enseigne qu'un homme ne devrait jamais se détourner des paroles de la *Torah*, même au moment de la mort. Car il est écrit : « *Voici la Torah : un homme qui mourra dans une tente.*[48] » - même dans l'instant de la mort, l'étude de la *Torah* reste essentielle. Rabbi Shimon ben Lakish dit : Les paroles de la Torah ne perdurent que chez ceux qui se dévouent entièrement à elles, comme il est écrit : « *Voici la*

---

[47] Proverbes 18:21.
[48] Nombres 19:14.

Torah : un homme qui mourra dans une tente » ne lis pas « *dans une tente* » mais « il meurt en elle ».

הנה שני העניינים שהבאתי ראיה מהם על כונתי בם, שהם מכלל דברי חכמינו ז״ל בפירוש הכתובים הנזכרים מורים על עניינים שלמים מאד. במה שהאדם צריך לדעת אמתתם ברצותו להיותו שלם השלמות האחרון אשר אין שלמות אחריו לאיש מאישי מין האדם. וזה שהם מודיעים לנו מהות הנבואה באמתתה ובסבת מציאותה שהיא הדבור המגיע מהשם לנביאים באמצעות הלשון השלם הכולל תחתיו שבעים לשונות והוא לשון הקדש לבדו, הנכלל תחת כ״ב אותיות הקדש במופתים (ברוב דברי המחבר פירוש המילה מופת-הוכחה) ברורים מושכלים לכל מקובל שלם שיודע הקדמותיהם ותולדותם.

Voici les deux concepts que j'ai utilisés pour étayer mes intentions à leur égard, lesquels font partie des enseignements de nos sages, de mémoire bénie, dans leur interprétation des Écritures mentionnées. Ces enseignements abordent des sujets d'une grande complétude, essentiels à comprendre pour quiconque aspire à la perfection ultime, une perfection au-delà de laquelle il n'existe pas de plus grande pour un individu de l'espèce humaine. Ils nous éclairent sur l'essence véritable de la prophétie et la raison de son existence : la parole qui émane d'*HaHsém* vers les prophètes par l'intermédiaire de la langue parfaite, englobant sous elle soixante-dix langues, et qui n'est autre que la Langue sainte elle-même. Cette langue est exprimée à travers les vingt-deux lettres sacrées, accompagnées de signes miraculeux (« *moféth* » dans les termes de l'auteur, signifiant aussi bon exemple) clairs et intelligibles pour tout kabbaliste accompli, connaissant leurs origines et implications.

וזה שהודיעו לנו הכתוב האחד עם פירושיו ועם סתריהם, ואמנם הכתוב השני הודיענו סוד מהות הדבור הפנימי האנושי וכחותיו ופעולותיו בנפש המשכלת, שהוא סבת חייה וסבת מותה אחר הפרידה. וגלה לנו שהדבור הפנימי נחלק לשני חלקים שהם שתי מחשבות מתחלפות ומתחייבות משתי עצות הפכיות נבראות ומוטבעות על שני כלים תחתונים, ששכינתם ימין ושמאל והבליהם עולים למעלה עד התכלית ויורדים למטה עד התכלית. וכלי אחד עליון מקבל כחם ומוליד בנים הנקראים תלמידים. וכלי אחד תחתון מקבל כחם גם כן ומוליד בנים שומרין המין הגופני. והראשונים הנזכרים שומרין המין הרוחני ועליהן שומרין שני בתי דינין, בית דין של מעלה ובית דין של מטה. והדיין יושב על שני כסאות הדין ודן בשתי מדות העליונים

והתחתונים. ונקראים מדת הדין ומדת הרחמים ושמם עוד יותר מבואר, כף זכות וכף
חובה:

C'est ainsi que nos sages nous ont enseigné le sens du premier verset, avec ses interprétations et ses mystères cachés. De même, le second verset révèle le secret de la nature du discours intérieur humain, de ses forces et de ses actions au sein de l'âme intellectuelle. Ces éléments sont la source de sa vie et la cause de sa mort après la séparation [de l'âme et du corps]. Il nous a été dévoilé que ce discours intérieur se divise en deux parties : deux pensées fluctuantes, nées de deux conseils contradictoires, naturellement inscrits dans deux réceptacles (*kelim*) inférieurs. Ces réceptacles, situés respectivement à droite et à gauche, voient leurs souffles s'élever jusqu'à la limite suprême et descendre jusqu'à la limite inférieure. Un réceptacle supérieur reçoit leur énergie et engendre des descendants nommés « *talmidim* » (disciples). Un réceptacle inférieur reçoit également leur énergie, donnant naissance à des descendants qui préservent la forme corporelle. Les premiers, mentionnés auparavant, sauvegardent la forme spirituelle et sont protégés par deux cours de justice : la Cour supérieure et la Cour inférieure. Le juge siège sur ces deux trônes de Jugement et arbitre selon les deux attributs, supérieur et inférieur. Ces attributs sont connus comme ceux du « *Din* » (Jugement) et de la « *Raħamim* » (Miséricorde), et sont plus distinctement désignés par les termes « balance du mérite et balance de la dette[49] ».

והנה שני עצים עדים לפי התורה וסתר החכמה והעלם הנבואה על כל זה שהם מורים
על ראש התורה וסופה ועל ראשית המציאות וסופה ונקראים עץ החיים ועץ המות
טוב ורע. והראשון עץ מגלה האמת והשקר ומודיע ההבדל שביניהם והוא שמגיד
שכל מציאות קיימת היא אמת, ושקר העדר המציאות. וזהו המביא לאכליו חיים
נצחים שהם הקיום האמיתי, מפני שסבתו קיימת נצחית. וכמה הרפתקי בדרך זו עד
שיצא ענין זו הידיעה מן הכח אל הפועל האמיתי השלם הקיים. וכמה מתו בעולם
שחשבו שחיו במותם מתוך השגתם. והסבה בזה היא רוחק העלמת אמתת ידיעת
מהות עץ החיים ועץ הדעת שהם שניהם עיקר מציאות האדם בזה ובבא:

Voilà que deux Arbres témoignent, selon la *Torah*, du secret de la Sagesse et du mystère de la Prophétie à ce propos.

---

[49] Voir Séfér Yétsirah chapitre 1.

Ils représentent le début et la fin de la *Torah*, ainsi que l'origine et le terme de l'existence. Ces arbres sont nommés l'Arbre de Vie et l'Arbre de Mort, du bien et du mal. Le premier, l'Arbre de Vie, révèle la Vérité et le Mensonge, en distinguant clairement l'un de l'autre. Il déclare que toute existence concrète est vérité, tandis que le mensonge réside dans le néant de l'existence. C'est cet Arbre qui offre la vie éternelle à ceux qui en consomment, leur accordant une existence authentique, car sa cause est éternelle. Combien se sont engagés sur cette voie, transformant cette connaissance du potentiel en une réalité complète et durable ? Et combien se sont égarés, trépassant dans ce monde, croyant vivre dans leur mort, aveuglés par leur compréhension ? La raison en est l'éloignement de la véritable Connaissance de l'essence de l'Arbre de Vie et de l'Arbre de la Connaissance, qui sont tous deux fondamentaux pour l'existence humaine, en *Ôlam haZéh* (Monde-ci) et en *Ôlam haBa* (Monde à venir).

והיודע סוד עניינם ומה בין האדם ובינם הוא האיש המיוחד ויודע מהם השם המיוחד. וכבר ידוע שאי אפשר לדעתם כי אם בדרכי הקבלה. כי התורה כולה עם היותה כוללת כל הדרכים הדרך המעולה שבכל דרכיה ושהיא סגולה לכל החכמות היא הקבלה המושכלת, לא הקבלה הראשונה אבל מביאה לידיעת התכלית האחרונה הנעלמת מכל האומות ונגלית לישראל לבד, שהיא האומה המיוחדת ולשונה ומכתבה מיוחדים וסגולות בידיעות השם. והקבלה הזאת היא שנאמר עליה בפירוש בראש מסכת אבות, משה קבל תורה מסיני ומסרה ליהושע וגו'. ולא נאמר עליה שמה שנודע מעניין התורה (ש) הוא דבר מושכל שהשכילן משה ותלמידיו עם היותם שלימים בדעת המוטבעת באדם. ועל כן לא אמרו משה השכיל תורה מסיני, וגם אמרם מסיני ולא אמרו בסיני הורונו בו אמתת הסוד והוא שרמזוהו באמרם סלם שראה יעקב אבינו זה סיני. וזה הסוד נגלה מדרך גימטריא והיא הדרך שרמזוהו לנו באמרם תקופות וגימטריאות פרפראות לחכמה:

Celui qui perçoit le secret de leur essence et la distinction entre eux et l'humanité est un individu exceptionnel qui, à travers ces Arbres, saisit le Nom de l'Unicité. Il est reconnu que leur compréhension n'est accessible qu'à travers les voies (méthodes) de la Kabbale. En effet, bien que la *Torah* englobe toutes les voies, la plus excellente d'entre elles, celle qui est spécifique à toute sagesse, est la Kabbale Intellectuelle (*Kabbalah haMouskaléth*). Ce n'est pas la Kabbale initiale (*Kabbalah harishonah*), mais celle qui mène à la connaissance du but ultime, caché à toutes les nations et révélé uniquement à Israël, la nation unique dont la langue et l'écriture sont spéciales et dédiées à la compréhension du Nom. Cette forme de Kabbale est explicitement mentionnée au début du *Traité des Pères* : « *Moïse a reçu (qibél) la Torah du Sinaï (miSinaï) et l'a transmise à Josué, etc[50].* » Il n'est pas dit que ce qui est compris de la *Torah* est un intellect compréhensible que Moïse et ses disciples ont discerné, bien qu'ils soient pleinement dotés de la connaissance innée à l'homme. Par conséquent, il n'est pas dit « Moïse a intelligé (*hasekil*) la *Torah* du *Sinaï* », mais plutôt « du Sinaï » (*miSinaï*)) et non « au Sinaï » (*baSinaï*). Ils nous ont révélé la vérité du secret, suggérée en disant que l'Échelle (*Soulam*) que Jacob, notre père, a vue est le Sinaï[51]. Et ce secret est révélé par la méthode de la *guimatria*, méthode qu'ils ont insinuée pour nous en disant que : « *les [calculs des] cycles (teqoufoth) et les guimatrioth sont les épices de la Sagesse[52].* »

ונודע לנו שסוד סיני הוא כפול והוא ק״ל, ויוצא משני שמות הקדש אדנ״י אדנ״י. ויוצא משמות חמשה מיוחדים שכל אחד סודו כב״ד, ואחד חמש שבקל, וחמשת תנועותיו מורות על חמש הויות ראשונות דרך הימין וחמש דרך השמאל, הרי עשר ספירות בלימה. מספר עשר אצבעות חמש כנגד חמש, אשר על כן שם ה׳ מתחיל מן י׳ בכלל. וכל הו״ה סודו ה׳, והו״ו לקשור ו״ה שנית לחלוק ההויות בין שני ההין ה׳ כנגד ה׳. והן הפועלות על דמות שעל פועל אצבעות שתי ידים. ידוע כי מדת הידים מורה על מהות מדת הדין וי׳ אצבעות הרגלים מורות על מדת רחמים. והידים הפעולות והרגלים בעלי התנועות והלשון בעלת תולדות התלמידים והמילה בעלת תולדת הבנים הרי כ״ב והנה ד׳ סבות לכל פעל:

Il est connu que le secret du Sinaï est double, correspondant à la valeur numérique de 130, émanant de la répétition du saint Nom « *Adonaï, Adonaï[53].* » Il découle également des cinq occurrences du Nom de l'Unification (*Yhwh*), chacune possédant un secret « important » (*kavad[54]*). Ensemble, ces cinq noms totalisent également 130. Les cinq vocalisations représentent les cinq premières Existences (*Havayoth*) du côté droit et cinq du côté gauche, révélant ainsi

---

[50] Pirkéi Avoth 1:1.

[51] Sinaï [סִינָי] = 130 = soulam [סֻלָּם].

[52] Pirkei Avoth 3:18.

[53] Adonaï [אֲדֹנָי] = 65 x 2 = 130.

[54] Kavad [כָּבֵד] = 26 = Yhwh [יהוה]. Et 5 x 26 = 130.

les dix *Sefiroth-Belimah*. Le nombre dix correspond aux « *dix doigts, cinq en opposition à cinq*[55] ». C'est pourquoi le Nom Yhwh commence par *Yod*, l'englobant. *Hé-Vav-Hé* est le secret du *Hé* [de *Ha-Shém*]. Le *Vav* sert à lier, et le second *Hé* divise les Existences (*Havayoth*) : 5 (*Hé*) contre 5 (*Hié*). Ces forces agissent à l'image des doigts des deux mains. On sait que la mesure (*middah*) des mains représente l'essence de l'attribut (*middah*) du Jugement (*Din*), et les dix doigts des pieds, celle de l'attribut (*middah*) Miséricorde (*Raħamim*). Les mains sont pour l'action, les pieds pour le déplacement. La langue engendre les disciples et la parole, les enfants, représentant ensemble les 22 lettres[56]. Ainsi, il y a quatre causes pour chaque acte.

ולולי חכמת הקבלה איך היה זה כולו נודע באמתתו. ודע כי שם אדנ"י הוא חתום על כח השמש והירח בעת התחברם מן תקל"ב אל תקל"ב על דרך חבור י"ט שנה עם כ"ח שנה. שאמר הנביא עליהם "כ"י ט"ח מראות עיניהם מהשכיל לבתם" (ישעיה מד' יח'), והם חותם העולם בסוד "וירא אלהים כי טוב". שנתן כחו של זה בזה וכחו של זה בזה וצרפן זה עם זה וקשר זה את זה. בזה נקשר גם כן כתר מיוחד על ראש כל אחד ואחד מהם, והוא סגולה לו מצד כתרו שנבדל בו מחבירו.

Comment aurait-on pu connaître cette vérité dans son intégralité sans la sagesse de la Kabbale ? Sache que le Nom *Adonaï* est le sceau lié aux pouvoirs du soleil et de la lune lorsqu'ils se rejoignent tous les 532 ans, en accord avec les cycles de 19 ans solaires et 28 ans lunaires.[57]. Comme le prophète l'a déclaré à leur sujet : « *Car ils ne connaissent pas, ni ne comprennent ; car bouchés (ki taħ) est la vision de leurs yeux, leurs cœurs ne discernent pas.[58]* » Ils constituent le sceau du monde dans le mystère de « *Et Élohim voit : que c'est bon ! (ki tov[59])* ». Il a conféré la force de l'un à l'autre, les combinant, les unissant l'un à l'autre. De ce fait, une Couronne Unique (*Kéter meyouħad*) est posée sur la tête de chacun, constituant une

---

[55] Voir Séfér Yétsirah chapitre 1.

[56] 10 doigts + 10 orteils + 2 attributs (*middoth*) = 22.

[57] Cela concernant le compte de Pâque de 532 : méthode fondée sur le « cycle de Méton » de 19 ans et sur le cycle solaire de 28 ans, créant ainsi le *Computus Paschalis* de (19 × 28 =) 532 ans.

[58] Ésaïe 44:18.

[59] Ki taħ [כִּי טָח] = 47 = ki tov [כִּי־טוֹב], soit 19+28.

propriété particulière (*segoulah*) pour lui en raison de sa couronne qui le distingue de son homologue.

וזו הסגולה היא האמיתית אצלו ולכל אחד מהם הבדיל מיחד מן המיחד. והוא שבו מתעצם זולת מה שמתעצם בו חבירו. ואין השמש מין ולא איש ממין ולא הירח גם כן ואע״פ כן יחידים הם ולהם התעצמות מיוחדת משאר התעצמויות של הכוכבים הנבוכים וכל שכן מן הקיימים. ורבותינו קראום שני מלכים כאמרם על ענין מלשינות הלבנה שהלשינה על החמה אין שני מלכים יכולים להשתמש בכתר אחד:

Cette particularité représente leur véritable distinction chez chacun d'entre eux, faisant de chaque élément un unique parmi les uniques. C'est en cela que réside leur puissance propre, différente de celle de leur homologue. Ni le soleil ni la lune ne sont de la même essence, et pourtant, ils sont distincts et possèdent une force spécifique, différente de celle des autres étoiles errantes, et a fortiori différente de celle des autres entités existantes. Nos Sages les ont nommés les « deux Rois », comme ils l'ont exprimé dans le récit de la plainte de la lune contre le soleil, affirmant qu'il n'est pas possible pour deux Rois de partager une même couronne[60].

וזהו מכלל סוד העיבור שרמזוהו רז״ל על פי ר׳ אליעזר ור׳ יהושע בתקופות שהתחלתן מניסן, ובמולדות שהתחלתן מתשרי. וזאת ההתחלה מיוחדת אל ראש טלה וזאת מיוחדת לראש מאזנים. ושם הקדש נחלק בכך בחתימתו לשנים. והרמז עליהם אני אעוררך עליו ״אפס קצהו תראה וכולו לא תראה״ (במדבר כג יג). והוא כי חצי השם מוכה בצורת המספר המרובע על עצמו עולה רכ״ה וחציו הנשאר מוכה על עצמו ג״כ עולה קכ״א, וזה סוד ׳מזל מאזנים׳ וזה סוד ׳מזל טלה׳:

Ceci fait partie du secret du *Îbbour*[61], comme évoqué par nos Sages à travers les enseignements de Rabbi Eliezer et de Rabbi Yehoshua, concernant les cycles [solaires] commençant en *Nissan*, et les enfantements (nouvelles lunes) débutant en *Tishri*. Ce commencement est spécifiquement lié à la tête du Bélier, tandis que l'autre est associé à la tête de la Balance[62]. Le

---

[60] Voir Talmud Houlin 60b : « Rabbi Shimon ben Pazi soulève une contradiction. Il est écrit : « *Et Élohim fit les deux grands luminaires* » (Genèse 1:16), et il est écrit : «*Le grand luminaire et le petit luminaire, la lune, dirent devant le Saint, béni soit-Il : Maître de l'univers, deux rois peuvent-ils servir avec une seule couronne ? lui dit : « Va te diminuer. »*

[61] Litt. « intercalation ». C'est la grossesse et la fécondation de la nouvelle lune chaque mois.

[62] Le point Vernal du début du signe du Bélier initie le cycle solaire et le signe de la Balance initie le cycle lunaire.

saint Nom est divisé en deux en son sceau. Pour éclaircir cela, je te rappelle : « *Tu verras son extrémité, mais tu ne le verras pas tout entier*[63] ». Cela signifie que la moitié du Nom, formulée dans le carré de son propre nombre, s'élève à 225[64], et l'autre moitié restante, également formulée par elle-même, donne 121[65]. C'est le secret du « signe de la Balance » (*mazal haTaléh*)[66], et c'est le secret du « signe du Bélier » (*mazal haMozanïm*)[67].

והם שני עדים שעל פי השם מתגלגלים שניהם על קו שוה תמיד. וגם שווי היום
והלילה בזה ושווי הלילה והיום בזה עדים נאמנים. והמזלות חלקי העולם והשמות
חלקי הנפש והימים והלילות חלקי השנה. הרי שלשה עדים נאמנים על מציאות השם
ית' ועל השגחתו המיוחדת בשלשתם, והם עולם שנה ונפש הנזכרים בספר יצירה,
הכולל חכמות מעשה בראשית לפי נגליו, וכולל חכמת מעשה מרכבה לפי נסתריו.
והעד הוא הדבור הראשון שבו התחיל מחברו והוא אמר 'בשלשים' שסודו בגימטריא
'מעש"ה מרכב"ה' ועניינו אצלינו הרכבת 'שם בשם'. וכן יחזקאל התחיל בו ברמז
הזמן הנספר באמרו "ויהי בשלשים שנה", לפי הנסתר המקובל שבו:

Ce sont deux témoins qui, selon *HaShém*, gravitent ensemble sur un même chemin en permanence. L'équilibre du jour et de la nuit dans l'un, et l'équilibre de la nuit et du jour dans l'autre, sont des témoins fiables. Les constellations représentent des parties du monde, les Noms des parties de l'âme, et les jours et les nuits des parties de l'année. Voici donc trois témoins fiables attestant de l'existence du Saint, béni soit-Il, et de Sa providence particulière à leur égard. Ils sont le « monde, l'année et l'âme » comme mentionné dans le *Séfer Yétsirah*, qui contient les sagesses exotériques de la *Maâsséh Beréshith* et englobe la sagesse ésotérique de la *Maâsséh Merkavah*. Le témoin est la première expression par laquelle son auteur a commencé, c'est le terme « Dans trente » (*bishloshim*) dont le secret en *guimatria* est « *Maâsséh Merkavah* » (Œuvre du Char), et son sujet pour nous l'attelage

---

[63] Nombres 23:13.

[64] Yah [יה] (la première moitié de Yhwh) = 15. 15 x 15 = 225.

[65] Vah [וה] (deuxième moitié de Yhwh) = 11. Soit 11 x 11 = 121.

[66] Mazal haTaléh [מַזָּל מאזְנַיִם] = 225.

[67] Mazal haMozanïm [מַזָּל דְּלִי] = 121.

« Nom dans Nom » (*Shém baShém*)[68]. De même, Ézéchiel a commencé par cela, faisant référence au temps compté en disant : « *Et c'était dans la 'trentième' (bishloshim) année* », selon le secret kabbalistique caché dans cela.

---

[68] Bishloshim [בִּשְׁלֹשִׁים] = 682 = Maâsséh Merkavah [מַעֲשֶׂה מֶרְכָּב] = Shém baShém [שֵׁם בְּשֵׁם].

VI

וידוע שכמו שאמ׳ שבשלש עשרה מדות התורה נדרשת וגימטריא ונוטריקן שקראוהו לשון נוטריקם הם מכללם. ודרשו בהם פלאי פלאות במקומות רבות ועניניהם מתחלפים בסוד ורמז ובא מהם בגמרא בשבת פרק הבונה קצת הערה עליהם. והוא שנאמר שם אמר ר׳ יוחנן משום ר׳ יוסי בן זימרא מנין ללשון נוטריקם מן התורה שנא׳ ״כי אב המון גוים נתתיך״. אב נתתיך לאומות, בחור נתתיך באומות, חביב נתתיך באומות, מלך נתתיך באומות, נאמן נתתיך באומות. ר׳ יוחנן דידיה אמר אנכ״י אנא נפשי כתבית יהבית. רבנן אמרי, אמירה נעימה כתיבא יהיבה איכא דאמרי יהיבא כתיבא נאמנין אמריה. דבי ר׳ נתן ״כי יר״ט הדרך לנגדי״, יראתה ראתה נטתה. דבי ר׳ ישמעאל תנא כרמ״ל כר מלא. רב אחא בר יעקב אמר ״והוא קללני קללה נמרצת״, נואף הוא מואבי הוא רוצח הוא צורר הוא תועבה הוא. רב נחמן בר יצחק אמר ״מה נדבר ומה נצטדק״, נבונים אנחנו צדיקים אנחנו טהורים אנחנו דכים אנחנו קדושים אנחנו:

Il est connu que, comme il est dit, la *Torah* est interprétée selon treize principes[69], dont font partie la *guématria* et le *notariqon*, qui ont été appelés langage du *notariqon* (*lashon notariqon*). Ils ont interprété des merveilles dans de nombreux endroits, et leurs sujets se modulent en secret et en allusion. Il en ressort dans la *Guémara*, dans le *Traité Shabbath* chapitre *Habonéh*, quelques mentions. Il y est dit que « *Rabbi Yoḥanan a dit au nom de Rabbi Yosei ben Zimra : D'où vient la langue du notariqon dans la Torah ? Comme il est dit : 'Car je t'ai fait père d'une multitude de nations (av hamon goyim)[70]'. Je t'ai fait père (av) pour les nations, je t'ai élu (baḥour) parmi les nations, je t'ai fait aimer (ḥaviv) parmi les nations, je t'ai fait roi (mélékh) pour les nations, je t'ai distingué (vatiq) pour les nations, je t'ai fait confiance (neééman) pour les nations[71]. Rabbi Yoḥanan a lui-même*

---

[69] Il s'agit des 13 principes de l'herméneutique de l'Académie de Rabbi Ishmaël.

[70] Genèse 17:5.

[71] L'expression « av hamon » [אַב הֲמוֹן] est formé des initiales (notariqon) de « *av* » « *baḥour* » « *ḥaviv* » « *mélékh* » « *vatiq* » « *neééman* » [אָב, בָּחוּר, חָבִיב, מֶלֶךְ, וָתִיק, נֶאֱמָן]. Qu' l'on pourrait traduire : Père, élu bien-aimé, roi distingué fidèle.

dit : « *anoki* » *est un notariqon pour : 'j'ai moi-même écrit et donné'* (*ana **n**afshi **k**etivath **y**ehavith*). *Les rabbins ont dit : 'Une déclaration agréable a été écrite donnée' (amira **n**éima **k**etivah yehivah)*[72]. *Certains disent « anoki » à l'envers : 'Il a été écrit, il a été donné, ses déclarations sont fidèles' (yehivah ketivah néémanim amareha)*[73]. *L'académie de Rabbi Nathan a dit : 'Votre voie est contraire (yarat) à moi'*[74]. *Il a craint (yarea), il a vu (raata), et il s'est détourné (nateta)*[75]. *L'académie de Rabbi Yishmael enseignait : 'Karmel' (parcelle bien cultivée), est un grain plein (kar maleh)*[76]. *Rav Aḥa bar Yaâqov a dit qui 'm'a maudit d'une malédiction violente (nimrétséth)' notariqon de : C'est un adultère (**n**oéf), c'est un Moabite (**M**oavi), c'est un meurtrier (rotséaḥ), c'est un oppresseur (**ts**orér), c'est une abomination (**t**oêvah)*[77]. *Rav Naḥman bar Yitsḥaq a dit : 'Que pouvons-nous dire, et comment pouvons-nous justifier (nitstadaq) ?*[78]'. *Nous sommes honnêtes (nek'onim), nous sommes justes (tsaddiqim), nous sommes purs (tehorim), nous sommes innocents (dakkim), nous sommes saints [qedoshim]*[79]. »[80]

ותחת אלה הדברים נפלאות תמים דעים, אין הכונה פה לגלות נסתריהם ולהודיע לכל, שכל מי שחושב שהחכם במה שנופל תחת אלה הדברים והדומים להם, אמתת מהותם ותכלית כונת רבותינו בם כפי מה שקבלום מפי הנביאים כולם ע״ה. אבל הכונה בהם עתה להודיע שאלו כולם והדומים להם שהם עניינים זרים אצל המתחכמים המתפלספים המתפארים בחבורי האומות. ואם הם מאומותינו הם תועים שוגגים או מזידים, בחשבם שמה שהשיגוהו חכמי האומות בכלל החכמות נעלם מרבותינו החכמים ז״ל ומנביאינו ע״ה:

Sous ces mots se cachent des « *merveilles de connaissances parfaites*[81] », *et mon intention ici n'est pas de révéler leurs*

---

[72] Anoki [אֱנֹכִי] est un notariqon pour : *ana nafshi ketivath yehavith* [אֲנָא נַפְשִׁי כְּתַבִית יְהַבִית] et *amira néima ketivah yehivah* [אֲמִירָה נְעִימָה כְּתִיבָה יְהִיבָה].

[73] Anoki, inversé est un notariqon pour : *yehivah ketivah néémanim amareha* [יְהִיבָה כְּתִיבָה נֶאֱמָנִין אֲמָרֶיהָ].

[74] Nombres 22:32.

[75] Yarat [יָרַט] est un notariqon pour : *yarea, raata, nateta* [יָרְאָה, רָאֲתָה, נָטְתָה].

[76] Karmel [כַּרְמֶל] est compris : *kar maléh* [כַּר מָלֵא].

[77] Nimrétséth [נִמְרָצֶת] est un notariqon pour : *noéf, Moavi, rotséaḥ, tsorér, toêvah* [נוֹאֵף, מוֹאָבִי, רוֹצֵחַ, צוֹרֵר, תּוֹעֵבָה].

[78] Genèse 44:16.

[79] Nitstadaq [נִצְטַדָּק] est un notariqon pour : *nek'onim, tsaddiqim, tehorim, dakkim, qedoshim* [נְכוֹנִים, צַדִּיקִים, טְהוֹרִים, דַּכִּים, קְדוֹשִׁים].

[80] Talmud Shabbath 105a.

[81] Job 37:16.

secrets ou de les divulguer à tous. Car quiconque prétend être sage en se basant sur ces sujets et ceux similaires, doit comprendre la vraie nature et le but ultime envisagé par nos Maîtres, tels qu'ils ont été transmis par la bouche de tous les prophètes, de mémoire bénie. Mon intention est plutôt de montrer que ces sujets, et ceux qui leur ressemblent, sont étrangers aux philosophes glorifiant les assemblées des nations. Et si certains appartiennent à notre peuple, ils sont dans l'erreur, soit par inadvertance soit intentionnellement, en croyant que ce que les sages des nations ont découvert dans l'ensemble des sciences est inconnu de nos sages et de nos prophètes, de mémoire bénie.

ולו ידעו אלה התועים דבר מאמתת הקבלה האמיתית היו יודעים ההפרש הגדול שבין חכמינו ובין חכמי שאר אומות, כל שכן בינם ובין נביאנו. שאני אומר שהפילוסוף הגדול שהיה מן האומות בשם ראש הפילוסופים והוא אריסטוטלוס, היה חסר מאד ממה שהשתדל בו לדעתו אצל הקטן מחכמינו ז״ל. ואמנם היה חכם גדול בערך אל שאר חכמי האומות וראוי לשבחו במה שחקרו. שהנה הנראה מתוך דבריו והוא שכוונתו בחקירת החכמות היתה לשם שמים. אבל שכלו היה קצר להשיג, וכן שכל כל אדם קצר.

Si ces personnes égarées avaient ne serait-ce qu'une connaissance élémentaire de la véritable Kabbale, elles saisiraient l'immense différence entre nos sages et les sages des autres peuples, et encore plus entre eux et nos prophètes. Je soutiens que même le grand philosophe des nations, reconnu comme le « chef des philosophes », à savoir Aristote, était très inférieur dans sa quête de connaissance comparé au plus humble de nos sages, de mémoire bénie. Néanmoins, il était considéré comme un grand sage parmi les sages des autres nations et mérite d'être apprécié pour ses recherches. Ses écrits suggèrent que son intention dans l'étude de la sagesse était de se tourner vers le divin (les cieux). Toutefois, son intellect était insuffisant pour atteindre une véritable compréhension, tout comme l'est l'intellect de tout être humain.

ולפי' הקבלה מוציאה הנעלם מאותם העניינים מן הכח אל הפועל ומגלה הנסתרות שבם לכל מקובל ומקובל, גם כן לפי כחו ולפי קבלתו ולפי השתדלותו להוציא מה שבכח אל מעשה. שאף על פי שהקבלה נמסרת לכל משכיל בכלל אין כל שומעה

ומקבלה יכול עליה להוציאה לפועל. שהרי אין מוסרין ממנה כי אם ראשי פרקים
ולמי שהוא חכם ומבין מדעתו. וכבר נאמר אין מוסרין סתרי תורה אלא לאב בית דין,
והוא שליבו דואג בקרבו. וגם נאמר עוד אין מוסרין סתרי תורה אלא ליועץ וחכם
חרשים ונבון לחש. כמו שרמז בעל "מורה הנבוכים" מורה צדק הוא הרב הקדוש
איש האלהים משה עבד יי, בסבה הרביעית מן הסבות החמש בפרק ל"ד אשר בחלק
הראשון מהמורה. והן הסבות המונעות לפתוח הלימוד האלהיות:

Selon la Kabbale, le passage du potentiel à l'acte extrait les éléments occultés de ces sujets, révélant des mystères à chaque kabbaliste selon ses capacités, sa réception de la Kabbale et ses efforts pour transformer le potentiel en action. Bien que la Kabbale soit enseignée de manière générale à tout *maskil*, tous ceux qui l'entendent et la reçoivent ne sont pas capables de la mettre en pratique. En effet, on ne transmet que les principes fondamentaux à celui qui est sage et capable de comprendre par son propre discernement. Il est dit que les secrets de la *Torah* ne sont transmis qu'au chef d'un tribunal, et cela concerne celui dont le cœur est humble. Il est également mentionné que les secrets de la *Torah* ne sont révélés qu'à « *un conseiller, un sage discret et un expert de l'occulte[82]* ». Comme le suggère l'auteur du « *Guide des Égarés* », le juste enseignant, le saint Rav, l'homme *d'Élohim*, Moïse, serviteur de *Yhwh*, dans la quatrième des cinq causes évoquées au chapitre 34 de la première partie du *Guide*. Ces causes sont celles qui empêchent l'accès à l'étude des sujets divins.

וכשתתעורר אל מה שנזכר בפרק "הבונה" במסכת הנזכרת מענין זה תפלא על
המאמרים ההם כשתבינם כראוי. והוא אמרם ז"ל, אמר רב חסדא מ"ם וסמ"ך
שבלוחות בנס היו עומדין. ואמר רב חסדא כתב שבלוחות נקרא מבפנים ונקרא
מבחוץ, נבוב בובן בהר רהב סרו ורס. והמשיכו הענין ההוא הידוע על צורת אגדה
בענין אלף בי"ת, אלף בינה. ושם אמרו מאי דכתיב "אם ללצים הוא יליף ולענוים יתן
חן", בא ליטמא פותחין לו בא לטהר מסייעין אותו. שי"ן שקר תי"ו אמת: ראה איך
לקחו ראשו של זה וסופו של זה והנשאר משניהם מקרא. ותבין זה ועיין מה שבא
שם עוד בענין א"ת ב"ש ובענין אח"ס בט"ע ובענין א"ל ב"ם עד סוף המשלים ההם.
והוא טר יש כת נטור, יש לי כתות כתות מזרעו של עשו שאני נותן לך.

Lorsque tu t'éveilleras à ce qui est évoqué dans le chapitre *HaBonéh* dans le *Talmud* abordant ce sujet, tu seras émerveillé

---

par ces déclarations quand tu les comprendras correctement. C'est ce qu'ont dit nos sages : « *Rav Ḥisda a dit : Les lettres Mém et Samékh dans les Tables étaient miraculeusement suspendues*[83]. *Et Rav Ḥisda a dit : L'écriture sur les Tables était lisible de l'intérieur comme de l'extérieur*, « *navouv* » [נְבוּב] *était lu* « *bovan* » [בובן], « *rahav* » [רַהַב] *était lu* « *bahar* » [בָּהָר], « *sarou* » [סָרוּ] *était lu* « *veréss* » [ורס] »[84]. Ils ont poursuivi sur le même sujet connu sous forme de récit avec : « *Aléf Beith* » [אָלֶ"ף בֵּי"ת], lu « *Aléf Binah* » [אָלַף בִּינָה]. Et à partir de là, ils ont dit : Que signifie le verset : « *S'il est des railleurs, il les raille, et donne grâce (ḥén*[85]*) aux humbles*[86] » ? Celui qui vient se purifier reçoit de l'aide, celui qui vient se souiller, les portes restent ouvertes. *Shin* représente le mensonge (*shéqér*), *Tav* la vérité (*éméth*). Observe la façon dont ils ont pris le début de ceci et la fin de cela, et ce qui reste des deux : *miqra* (verset)[87]. Comprends cela et examine ce qui est mentionné au même endroit au sujet de l'*Ath-Bash*, au sujet de l'*Aḥess-Betâ* et au sujet de l'*Al-Bam*[88], jusqu'à la fin de ces métaphores. C'est comme le cas de « *tar yésh kath* » [טַ"ר יֵ"שׁ כַּ"ת][89], pour : « Attends (*tar*), j'ai des clans de clans (*yésh li kitoth kithoth*) de la descendance d'Ésaü que je te donne[90].

ואע"פ שנראים דבריהם דרדקי שאמרו באמרם לפני זה אתי דרדקי האידנא. ואמור מילי דאפילו בשני יהושע בן נון לא איתמר כותיהו. ועיין בסנהדרין וראה מה שרמזוהו בענין "פס ידא די כתבא", אשר בא בספר דניאל על צירוף "מנא מנא תקל

---

[83] Car elles étaient entièrement entourées d'espace et ne tenaient pas à la pierre.

[84] Talmud Shabbath 104a.

[85] Pour les kabbalistes, *ḥén* [חֵן] un notariqon pour Ḥokhmah Nistarah [חָכְמָה נִסְתָּרָה], sagesse ésotérique.

[86] Proverbes 3:34.

[87] Lorsque l'on ôte le *shin* de *shéqér*, le mensonge, il reste les deux lettres *qof-réish* [קר]. En ôtant le *tav* de *éméth*, il reste les deux lettres *aléf-mém* [אם]. Les lettres restantes permettent de former le mot *miqra* [מְקְרָא], « verset », c'est aussi une annonce ou une déclaration.

[88] Il s'agit de trois méthodes transpositions de lettres, souvent utilisées par Abraham Aboulâfia.

[89] On peut observer que les initiales sont les téith-yod-kaf qui se suivent et les finales réish-shin-tav [טַ"ר יֵ"שׁ כַּ"ת]. On pourrait traduire l'expression par : Attends, il y a une secte (ou un groupe, un clan). C'est un propos que Satan aurait tenu à Dieu, dans le sens : « *Attends j'ai des clans de la descendance d'Ésaü.* »

[90] Vois Talmud Shabbath 104a:13.

ופרסין". על פי רב ושמואל ור' יוחנן שזה אמר 'אנם אנם לקת ניסרפו'. וזה אמר
'נמא נמא קתל פורסין'. וזה אמר 'ממתוס ננקפי אאלרן':

Même si leurs paroles semblent triviales lorsqu'ils disent
« *éti dardki hayidna* » (Venez, mes petits, aujourd'hui[91]), elles
contiennent des propos que même Josué, ben Noun, n'aurait
pas énoncés dans son temps. Examine le *Talmud*, traité
Sanhédrin[92] et observe ce qu'ils ont subtilement évoqué
concernant : « *Passa di-yeda ouk'tava* » [פַּסָּא דִּי־יְדָא וּכְתָבָא] (« *la
paume d'une main et a écrit*[93] »), mentionné dans le *Livre de
Daniel* à propos de la combinaison (*tséirouf*) de : « *Mené Mené
Teqél Oufarssin* » [מְנֵא מְנָא תְּקֵל וּפַרְסִין][94]. Selon Rav, Shmouel, et
Rabbi Yoħanan, l'un a dit « *Anem Anem Liqéth Nisrafou* » [אנם
אנם לקת ניסרפו] (les branches brûlées se rassemblent), l'autre a
dit « *Nema Nema Qatel Parsin* » [נמא נמא קתל פורסין] (le fils a été
tué par les Perses), et un autre a dit « *Mamtous Nanqéf Aelrén* »
[ממתוס ננקפי אאלרן] (le maître a été frappé par les Grecs)[95].

והסוד הגדול שנא' על הכלל בגימטריא איכתיב להו יט"ת יט"ת אד"כ פו"ג חמ"ט. וזה
סוד מקובל מופלג, והמבואר ממנו שהוא בחלוף אותיות א"ת ב"ש והן י"ה אותיות.
ונאמר עליהן "ולא כהלין כתבא למקרא" (דניאל ה' ח').

Le grand secret qui globalement dit avec la guématria est
s'écrit : *Yeta Yeta Adak Pog Ħemat* [יטת יטת אדכ פוג חמט]. C'est un
secret kabbalistique remarquable, expliquant que cela
implique une permutation des lettres [par la méthode] *Ath-*

---

[91] C'est une expression utilisée dans la tradition juive pour inviter les enfants à
apprendre la *Torah*. Elle est souvent utilisée dans les écoles talmudiques, où les
enseignants encouragent leurs élèves à étudier la *Torah* avec enthousiasme. Elle est
souvent utilisée dans un contexte ludique, pour créer une ambiance détendue et
encourageante.

[92] Talmud Sanhedrin 22a.

[93] Daniel 5:24.

[94] Daniel 5:25.

[95] Il s'agit de trois *tséiroufim* de la phrase énigmatique du Livre de Daniel.

ס	ו	ת	מ	מ	⇓	⇐
י	פ	ק	נ	נ	⇑	⇐
נ	ר	ל	א	א		⇐

Bash des 15 lettres[96]. Et il est dit à leur sujet : « *ils ne purent lire (lemiqré[97]) l'écriture.[98]* »

וסימן מספר האותיות יד"א, וסימן מספר אותיות הפירוש לפי שלשת הפסוקים לאחור כ"ח כ"ו כ"ב. חבר שני המספרים של הפשט והפירוש ותמצאם עולים מנ"א. וסוד חברו הפוכים אמ"ן אמ"ן, כי הם סוף הפסוק כמו שרמז בו במלת פירוש "מנא מנא אלהא מלכותך" (שם כו'). ולא פירש מן השנים כי אם האחד, כי מנא הוא פירוש מנא האחד לבד, כאשר מלת תקילת פירוש כמו תקל וכמו שמילת פריסת פי' ופרסין והם ענינים נגזרים ולשון נופל על לשון:

Le signe, représenté par le nombre de lettres, est « main » (*yeda*)[99]. Le signe du nombre de lettres de l'explication selon les trois versets[100] inversés est 28, 26, 22[101]. Lorsque l'on combine les nombres du sens littéral et de[102], on trouve qu'ils s'élèvent à *Mené*. Le secret de leur combinaison et de leur renversement est : « *Amen, Amen* » [אָמֵן אָמֵן], car ils apparaissent à la fin du verset, comme suggéré par l'interprétation du terme : « *Mené Menah (a mesuré), Éloha ton règne[103]* ». Seule l'une des deux explications est donnée pour « *Mené* », car « *Mené* » a une seule interprétation. De même, « *teqilta* » [תְּקִילְתָּ] (a pesé) est l'explication pour « *Teqél* » etle terme « *Parsith* » [פְּרִיסַת] (Perse, ou a divisé) est l'explication pour « *Perés* » dans « *Oufarsin* » [וּפַרְסִין]. Ce sont des sujets dérivés et un terme fait référence à l'autre (litt. « la langue se pose sur la langue).

ואמנם הורונו ולמדונו הכתובים ההם שהענין הנכתב צריך אל שני ענינים ראשונים בהכרח, ואפילו לדעת ההמון. האחד מהם צורך ידיעת המכתב כלומר הקריאה

---

[96] Dans ce système de transpositions, Alef devient Tav, Béith devient Shin, etc. Donc, *Mené* [מְנָא] devient *Yeta* [יטת] et ainsi de suite.

[97] On retrouve ici *miqré* [מְקְרָא], formé des lettres restantes lorsque l'on ôte le *shin* et le *tav* du mensonge (*shéqér*) et de la vérité (*éméth*), rencontrés précédemment.

[98] Daniel 5:8.

[99] Yeda [יְדָא] = 15. Ce nombre correspond au nombre de lettres de la formule : *Mené Mené Teqél Oufarssin.*

[100] Il s'agit des trois versets dans lesquels Daniel explique la formule : Chapitre 5, versets 26, 27 et 28.

[101] Le verset 28 28 lettres [פרס פריסת מלכותך ויהיבת למדי ופרס]. Le verset 27 compte 26 lettres [תקל תקילתה במאזניא והשתכחת חסר], toutefois il faut utiliser la version où *hassir* s'écrit sans yod. Et le verset 26 compte 22 lettres [מנא מנה אלהא מלכותך והשלמה].

[102] 15 + [28+26+22] = 91 = Mené [מְנָא].

[103] Daniel 5:26. Ce verset explique que Mené correspond à Menah : Mesurer calculer, compter

הפשוטה ממנו. והשני צורך ידיעת הפירוש כי זה דומה לענין החלום בעצמו. כי
החלום צריך אל הפתרון וכל חלום שלא נפתר דומה למשל ולחידה שנכתבו ולא
נתפרשו. שאלה כולם הם נמצאים בעבור פתרוניהם ופירושיהם. וכן השמות בעצמם,
כל עת שהם נמצאים ובכל מקום שהם נכתבים אם לא יוודעו פירושיהם לדברים
הנזכרים שהם נמצאים בכח ולא בפועל והכונה במציאותם הוא בעבור הפעל כי הכח
הוא הכונה אחת לבד:

Effectivement, ces écrits nous instruisent et nous apprennent que le sujet abordé nécessite deux approches essentielles, même selon l'opinion du grand public. La première est la nécessité de connaître l'écriture, c'est-à-dire de pouvoir en faire une lecture littérale. La seconde est la nécessité de comprendre son interprétation, car ceci est similaire à l'essence même d'un rêve. En effet, un rêve requiert une interprétation, et tout rêve non interprété ressemble à une parabole ou une énigme écrite mais non élucidée. Tous ces éléments existent par leurs interprétations et explications. Il en va de même pour les noms eux-mêmes : chaque fois qu'ils apparaissent et où qu'ils soient écrits, si leurs significations ne sont pas comprises, les sujets mentionnés demeurent en potentiel et non en acte. Le but de leur existence est de provoquer une action, car le potentiel est une unique intention.

כן נפש כל משכיל היא שכל בכח, שכבר יש בה כח מוכן להשכיל את המושכלות
בפעל, וכשלא השכילתם עודנה עם כחה, אלא שהיא מתפעלת עם רוב ההשתדלות
ומתעלה עם רוב הלמוד מעת לעת ומחזקת עצמה ומתקרבת אל הפעל עד שמשגת
הדיבור מהשכל הפועל בפעל. והוא שאמר רוח הקודש שורה עליו ומדבר ברוח
הקודש:

Ainsi, l'âme de toute personne éclairée (*maskil*) est un intellect (*sékhél*) en puissance, qui possède déjà la capacité innée de conceptualiser (*hashkil*) activement les idées. Lorsque ces idées ne sont pas encore pleinement comprises avec cette capacité latente, l'âme s'engage avec beaucoup d'effort et s'élève grâce à un apprentissage continu, se renforçant et s'approchant progressivement de l'actualisation, jusqu'à ce qu'elle parvienne à exprimer ces idées à travers l'Intellect Agent. C'est à ce moment que le Saint-Esprit (*Rouaħ haQodésh*) repose sur elle, et elle parle inspirée par le Saint-Esprit.

לפיכך כל משכיל חייב להשתדל בלמוד ולהרבות בעיון המושכל והמקובל התורייי הנעלם מהמון העם, בעבור שתגיע לו הידיעה שבעדה לומד בפעל. ובא בדבריהם ז״ל בגמרא שבת פרק כלל גדול. אמר ר׳ שמעון בן פזי אמר ר׳ יהושע בן לוי משום בר קפרא, כל היודע לחשוב בתקופות ומזלות ואינו מחשב עליו הכתוב אומר ״ואת פועל יי לא הביטו ומעשה ידיו לא ראו״ (ישעיה ה׳ י״ב). ואמר ר׳ שמואל בר נחמני אמר ר׳ יוחנן מנין שמצוה לחשב בתקופות ומזלות, שנא׳ ״ושמרתם ועשיתם כי היא חכמתכם ובינתכם לעיני העמים האלה ואמרו רק עם חכם ונבון הגוי הגדול הזה״ (דברים ד׳ ו׳). אי זו היא חכמה ובינה שהיא לעיני העמים הוי אומ׳ זה חישוב תקופות ומזלות:

Ainsi, tout individu éclairé (*maskil*) doit s'engager activement dans l'étude et approfondir sa réflexion sur les enseignements intelligibles (*mouskal*) et kabbalistiques de la *Torah*, qui sont cachés au grand public, afin d'atteindre une connaissance pratique de ce qu'il apprend. Dans le *Talmud*, *Traité Shabbath*, il est dit, dans la section *Klal Gadol* : « *Rabbi Shimon ben Pazi a dit que Rabbi Yehoshoua ben Lévi a rapporté au nom de bar Kappara : Toute personne capable de calculer les cycles saisonniers et les constellations, et qui ne le fait pas, sur elle s'applique le verset : "Ils ne prennent pas garde à l'action de Yhwh, et ils ne voient pas Son Œuvre[104]". Et Rabbi Shmouel bar Naḥmani a dit au nom de Rabbi Yoḥanan : D'où vient qu'il y a une mitsvah qui incombe à une personne de calculer les cycles saisonniers et les constellations ? Comme il est dit : " Gardez-les et mettez-les en pratique, car c'est votre Sagesse (Ḥokhmah) et votre Compréhension (Binah) aux yeux des peuples[105]". Quelle Sagesse et quelle Compréhension y a-t-il [dans la Torah] qui est manifeste aux yeux des peuples, c'est-à-dire appréciée et reconnue par tous ? Vous devez dire : C'est le calcul des cycles saisonniers et des constellations* »[106].

---

[104] Isaïe 5:12.
[105] Deutéronome 4:6.
[106] Talmud Shabbath 75a.

VII

ואחר שזכרתי אלה העניינים כולם אשוב לדבר במופתים ובראיות חזקות אשר עלו בידי, על היות דרך גימטריא וכל מה שהוא ממינו עם צירוף האותיות וחילופיהן וחלופי חלופיהן דרך יותר חשובה ויותר מעולה מכל דרכי ההגיון, שאמרו עליו מנעו בניכם מן ההגיון (ברכות כח:). עם היות שם מי שפירש, לא אמרו מנעו עצמכם אלא מנעו בניכם מפני פחדם, על היות הבנים שהם התלמידים חלושי הדעת. ואפשר שיקשו בו עם כח המושכלות על המקובלות התוריות ויבואו לידי הריסה. כי בנין נערים סתירה וסתירת זקנים בנין. וכבר אמרו חז"ל תלמידי חכמים כל זמן שמזקינין חכמה מתוספת בהן, שנאמר "בישישים חכמה ואורך ימים תבונה" (איוב יב' יב'). אבל עמי הארצות כל זמן שמזקינין טפשות מתוספת בהן, שנאמר "מסיר שפה לנאמנים וטעם זקנים יקח" (שם כ'). ואמר "ודלא מוסיף יסיף ודלא יליף קטלא חייב" (אבות א יג). ולא אמר מה ילמוד הלומד אלא סתם, שכל למוד מחדד השכל, והבטול מהלמוד נאמר עליו יום תעזבני ימים אעזבך (ירוש' ברכ' סה. ובפרש"י דברים יא' יג'):

Après avoir abordé tous ces sujets, je reviens pour discuter des preuves et des signes convaincants qui me sont apparus, démontrant que la méthode de la *guimatria* et tout ce qui en découle, y compris la combinaison (*tséirouf*) des lettres, leurs permutations et les variations de ces permutations, est une voie plus importante et plus excellente que toutes les méthodes de raisonnement logique. Nos sages ont dit à ce sujet : « *Éloignez vos enfants de la spéculation logique*[107] ». Certains ont interprété cela non pas comme une interdiction pour eux-mêmes, mais comme un avertissement pour protéger les enfants, qui sont des étudiants à l'esprit plus fragile, de s'emmêler dans des raisonnements intellectuels au risque de contredire les enseignements kabbalistiques de la *Torah*, ce qui pourrait conduire à leur perte. Car, comme on le dit, « *la construction par les jeunes est une destruction, tandis que la destruction par les anciens est une construction.* » Nos Sages ont également enseigné : « *Au fur et à mesure que les étudiants de la Torah vieillissent, la Sagesse s'accroît en eux, comme il est dit : "La sagesse est chez l'homme âgé, et la longueur des jours apporte*

---

[107] Talmud, Berakhoth 28b.

61

l'intelligence[108]". *Et lorsque les ignorants vieillissent, la folie augmente en eux, comme il est dit : "Il ôte la parole aux hommes de confiance, il ôte l'intelligence aux vieillards*[109]". » *Et il est dit :* « *Celui qui n'ajoute pas [à sa sagesse] finira par ajouter [à sa folie] et celui qui n'apprend pas mérite la mort*[110] ». Il n'est pas spécifié ce qu'il faut apprendre, mais simplement que toute étude aiguise l'intellect, et l'abandon de l'étude est comme dit : « *un jour où tu m'abandonnes, je t'abandonnerai pendant des jours*[111] ».

ואמנם באמת שהלמוד המסודר הוא הראוי לכל מבקש ההצלחה. וכבר אמר הרב ז"ל בסוף הפרקים הארבעה הראשונים שבמדע, שאין ראוי להטייל בפרדס אלא מי שמילא כריסו מלחם ובשר, ושמם משל לידיעת האסור והמותר וכך הוא באמת שראוי להקדימם. וכשהתחזקו יעלה הלומד מהם אל מה שהוא יותר קרוב מהם אל ידיעת מהותם ומהות סבתם, ומשם יסעו ויחנו ויסעו ויחנו. עד הגיעם אל התכלית האחרונה המכוונת בבריאת האדם בצלם אלהים ובדמותו:

En réalité, un apprentissage structuré est essentiel pour quiconque aspire au succès. Comme l'a souligné le grand Rav (Rambam), dans les conclusions des quatre premiers chapitres [*Livre*] de la *Connaissance*, seuls ceux qui ont rempli leur estomac de pain et de viande devraient s'aventurer dans le *Pardès*. Cette expression est une métaphore pour la connaissance du permis et de l'interdit, et en effet, il est judicieux de commencer par là. Une fois que l'étudiant s'est fortifié dans ces domaines fondamentaux, il peut progresser vers une compréhension plus profonde de leur essence et des causes sous-jacentes. De là, « *voyager et s'installer, puis de nouveau voyager et s'installer* »[112], jusqu'à atteindre le but ultime, qui est l'Intention (*Kavanah*) de la Création de l'homme dans l'image d'*Élohim* et à sa ressemblance.

והנה אברהם נביא בצלם אלהים כי בצלם אלהים עשה את האדם:

Ainsi, Abraham[113] est un prophète dans l'image d'*Élohim*, car c'est dans l'image d'*Élohim* qu'a été façonné Adam.

---

[108] Job 12:12.

[109] Job 12:20.

[110] Pirkéi Avoth 1:13.

[111] Yeroushalmi Berakhoth 9:1 et Rashi Deutéronome 11:13.

[112] Allusion au Livre de l'Exode et à l'errance du peuple hébreu dans le désert.

[113] De même que l'auteur, le destinataire de l'épître s'appelle Abraham.

ואומר אחר זה ההגיון שחבר בו אריסטוטלוס הספרים השמונה שהם המאמרות
והמליצה וההיקש והמופת וההטעאה והדרש והניצוח והשיר. אשר כבר עברנו על
כולם בעיון, הוא ענין המלאכה. ואינה חכמה כמו שקורין אותה מלאכת ההגיון,
ונאמר עליה שערכה אל השכל כערך מלאכת הדקדוק אל הלשון. קל וחומר שדרך
ידיעת צירוף האותיות דרך מעולה הימנה, ואמתה התבארה מפירושי ספר יצירה
הנודעים בקבלה לא זולת זה:

Je dirais, à propos de cette logique pour laquelle Aristote a
composé huit livres – les Discours, la Métaphore, la
Déduction, la Réfutation, la Sophistique, la Rhétorique, la
Topique et la Poésie – que, après les avoir examinés tous en
détail, il s'agit davantage d'un art que de véritable Sagesse.
Comme on l'appelle, c'est l'art de la logique, mais son rapport
à l'intellect (*sekhel*) est comparable à celui de la grammaire à la
langue. Par conséquent, la méthode de la combinaison des
lettres (*tséirouf haOthioth*) est supérieure à celle-ci, et sa vérité
est éclairée par les interprétations du *Séfér Yétsirah*, telles
qu'elles sont connues dans la Kabbale, et rien d'autre.

ואני למדתי עליו יב' פירושין זה מעולה מזה, קצתם על דרך פילוסופית וקצתם דרך
נבואות. וזה היה אחרי למדי מקצת ספרי אריסטו בטבעיות ובאלהיות. כי מן
הלימודיות מעט למדתי מפני שלא מצאתים מועתקים בלשוננו שהוא לשון קודש
לבדה והן זולתה קודש כי אם חול. וברוך המבדיל בין קדש לחול. ואחרי למדי מורה
הנבוכים פעמים רבות מאד עד שהבנתי ממנו איך נקשר קצתו בקצתו. כי השבתי
פרקיו זה על זה, והמופת על זאת חכמת הצירוף ומלאכתו המחשבית מעולה ממלאכת
ההגיון, הוא שהיא חכמת ההגיון הפנימיי העליון וזאת היא להגיון והחיצוני והתחתון
במעלה מן התיכון. וכמו שהאישיות (הפרטיות) והסתומות והסתירות בשני מיניהם,
וההפכיות ומה שתחת ההפכיות קצתם מחלקות האמת והשקר בכל החמרים תמיד,
קצתם כוזבות יחד וקצתם צודקות יחד וקצתם זאת צודקות וזאת כוזבות.

J'ai personnellement étudié douze interprétations de ces
sujets, chacune surpassant l'autre, certaines sous un angle
philosophique et d'autres sous un angle prophétique. Cela a
suivi mon étude de certains livres d'Aristote sur la physique
et la métaphysique. Mon apprentissage dans les études
littéraires a été limité, car je n'ai pas trouvé ces textes traduits
dans notre langue, qui est la langue sainte ; les autres langues
étant profanes. Béni soit Celui qui fait la distinction entre le
sacré et le profane. Après avoir étudié en profondeur le
« *Guide des Égarés* », à de nombreuses reprises, jusqu'à

comprendre comment ses différentes parties sont liées, car j'ai examiné ses chapitres les uns en fonction des autres, il est devenu évident que la sagesse du *Tséirouf* (combinaison des lettres) et son processus de réflexion sont supérieurs à l'art de la logique. C'est la logique intérieure et supérieure, par rapport à la logique extérieure et inférieure. Cela inclut des aspects tels que les individualités, les obscurités, les secrets dans les deux approches, les contradictions et ce qui se trouve sous les contradictions. Certaines divisions traitent toujours de la vérité et du mensonge dans toutes les matières, certaines étant mensongères en soi, d'autres étant justifiées en soi, et certaines étant justes dans un cas et fausses dans un autre.

ולהן ארבעה מיני הדורשים שם מחייב כולל, ומחייב חלקיי, ושולל חלקיי, ולה כ"ג תכניות. ההיקש י"ד מינים שלימים להוליד תולדות אמיתיות והם ענינים נסדרים לחלוק ולישא וליתן בם, עד שיצא מהם מופת מושכל לפי מחשבת האנושית. כן ההקדמות המקובלות מסודרות בתמונות ידועות עד שעם המשא ומתן במחשבת הצירוף שהוא גלגול האותיות החוזר פנים ואחור, מחלקי האמת והשקר הנמצאים בכח הנפש המחשבת בחשבונות תחילה, וההמדמה הדמיונות והמציירת הנמצא לנמצא והנעדר לנעדר הנמצא לנעדר והנעדרת לנמצא, עד שאם זכתה הנפש בחזק מחשבתה אחר קבלה דרך השמירה מן ההטעאות הדמיוניות, מתעדנת ומתענגת במה שמוציאה תחת קליפות. והדבור והמספר הנקראים בספר יצירה ספר וספר וסיפור מן הפירות המחיות הנשמות והזנות אותן עד שנהנין מזיו השכינה ונכתרין בכתר שמחת עולם שנאמר "ושמחת עולם על ראשם" (ישעיה נא' יא'):

Il y a donc quatre types de recherche qui établissent un jugement global, un jugement partiel, qui nient partiellement, et qui comprennent vingt-trois plans. L'argumentation comporte quatorze thèmes complets pour produire des vérités authentiques, et ce sont des sujets organisés pour la division, la discussion et l'échange, jusqu'à ce qu'un signe manifeste se dévoile en accord avec la pensée humaine. De même, les prémisses acceptées sont structurées en images familières, de sorte qu'avec la négociation dans le processus de combinaison des lettres (*tséirouf*), qui est la rotation des lettres (*Guilgoul haOthioth*) en avant et en arrière, les aspects de vérité et de fausseté présents potentiellement dans les pensées initiales de l'âme pensante (*néfésh hamaḥshavath*) se manifestent. Ces pensées initiales, les imaginations et visualisations de l'existence vers l'existence, du manque vers le manque, de l'existence vers le manque et du manque vers l'existence, se développent jusqu'à ce que, si l'âme est méritante et forte dans sa pensée après avoir reçu la manière de se protéger contre les illusions imaginaires, elle trouve plaisir et délectation dans ce qu'elle extrait des coquilles (*qlipoth*). Et la parole et le nombre, appelés dans le *Séfer Yétsirah* « *Séfer veSfar veSippour* » (livre, chiffre et récit), sont les fruits qui vivifient les âmes et les nourrissent jusqu'à ce qu'elles se réjouissent de la lumière de la *Shekhinah* et soient couronnées de la Couronne de la joie éternelle, comme il est dit : « *La joie éternelle sera sur leur tête*[114]. »

ואשרי עין ראתה כל אלה כי למשמע אוזן דאבה נפשינו. על כן אין ראוי להאשים שום אדם שאינו יודע דרך חברו על מה שעושה בדרכו, עד שינסה ויבחן העניינים. אי זה מהם באמת דרך טובה ונבחרת ואיזו הפכה. וכל ערום יעשה בדעת, שכן כתיב "פתי יאמין לכל דבר וערום יבין לאשורו" (משלי יד' טו'). וחייב אל הפתי אמונה ואל הערום הבנה וזה לכל דבר בכלל וזה לאשורו של דבר:

Heureux ceux qui ont vu toutes ces choses, car entendre parler de celles-ci fait languir notre âme. Par conséquent, il n'est pas juste de blâmer quelqu'un qui ne connaît pas la voie de l'autre pour ses actions dans sa propre voie, jusqu'à ce qu'il ait eu l'occasion de tester et d'examiner les sujets pour déterminer lequel est véritablement le meilleur et le plus choisi, et lequel est son opposé. Toute personne astucieuse agira avec discernement, car il est dit : « *Le simple croit à toute parole, mais l'astucieux regarde où il met les pieds*[115] ». La foi est pour le simple, et la compréhension pour l'astucieux. Cela s'applique à tout en général et à l'examen spécifique de chaque chose.

ואילו אמרתי אני או זולתי ממי שמתפאר במקובלות, שקבלותינו אינן עולות למדרגות המושכלות, היינו מתפארים בדבר נודע שהוא פחות במעלה על הנודע שהוא חשוב ממנו במעלה. וזה שהמושכלות הראשונות שמהן הקדמות ההקשים הישרים והמופתים נולדים ונבנים ומיוסדים עליהם למעלה במדרגה מן המקובלות. וזה מפני שהמושכלות הראשונות מוטבעות בנו והן אמת נודעת בתחילת מחשבה לשלמי הטבע, והמקובלות מהן אמת ומהן שקר. גם נופל בם טוב ורע ומצד האמת והכזב דומים למושכלות ולמורגשות שהם מחלוקות אותן תמיד. כשילקחו

<hr>

65

בשיעוריהן ולא יצאו מגבוליהן ולא יטו אל התוספת על מה שבכחם ולא אל הגרעון.
כי אם אל שמירת השווי והיושר והדין המסור להם בטבעם. ומצד שנופל בם הטוב
והרע כלומר המגונה והנאה דומים למפורסמות המוסכמות בקצתם אומות. ונעלם
פרסומם מזולתם וקצתם הכל מודים בסיבתם ומכחישים הפכיהם:

Si je disais, moi ou quelqu'un d'autre se vantant de ses connaissances kabbalistiques, que nos enseignements kabbalistiques ne sont pas à la hauteur des connaissances philosophiques, nous nous vanterions en fait d'une chose reconnue comme inférieure à une autre considérée comme supérieure. Cela est dû au fait que les connaissances philosophiques fondamentales, d'où émanent les bases des arguments solides et des preuves, sont de rang supérieur aux enseignements kabbalistiques. La raison en est que ces connaissances philosophiques fondamentales sont innées en nous et représentent une vérité reconnue dès le début de la réflexion chez ceux qui sont naturellement accomplis. En revanche, les enseignements kabbalistiques contiennent à la fois du vrai et du faux. Ils englobent le bien et le mal et, en termes de vérité et de mensonge, sont similaires aux connaissances philosophiques et aux perceptions sensorielles qui les divisent constamment. Elles sont appropriées lorsqu'elles sont prises dans leurs justes proportions et ne dépassent pas leurs limites, sans excès ni déficit, mais plutôt en préservant l'équilibre, la droiture et la justice qui leur sont intrinsèques. Concernant le bien et le mal, c'est-à-dire ce qui est désagréable et agréable, elles ressemblent aux connaissances communément acceptées par certaines nations mais inconnues d'autres, et certaines sont universellement reconnues pour leurs causes, tandis que leurs contraires sont rejetés.

ואמנם התפארות כל מקובל על מעלת דרך הקבלה על כל דרכי חקירת האמת בכל
המציאות כדי להשיגה בדרך קלה וחשובה ומשמחת הנפש ומעדנה ומחזקה ומקריבה
אל השגת השכל הפועל בשהיא חכמת הקבלה לבדה ולא זולתה, היא מצד שהקבלה
הזאת המיוחדת מכל קבלה. הקדמותיה כולן מושכלות ראשונות ונולדות מן
המורגשות האישיות המביאות לידי המושכלות הכלליות. ולפיכך אומר ממנה מעט
להועיל למשכילים בה להשלימה והנה "עץ חיים היא למחזיקים בה ותומכיה
מאושר":

Effectivement, la fierté de tout kabbaliste réside dans la supériorité de la méthode kabbalistique sur toutes les autres méthodes d'exploration de la vérité dans l'ensemble de la réalité, permettant de l'atteindre de manière plus aisée, significative, et réjouissante pour l'âme, tout en la nourrissant, la fortifiant, et la rapprochant de la compréhension de l'Intellect Agent. C'est parce que cette Kabbale spécifique est unique parmi toutes les formes de transmission (*kabbalah*). Toutes ses prémisses sont des connaissances philosophiques fondamentales et elles émergent des perceptions sensorielles individuelles qui conduisent à des connaissances philosophiques plus générales. Par conséquent, je soutiens que même une petite contribution de cette Kabbale est utile pour ceux qui l'étudient dans le but de l'accomplir, car « *elle est un Arbre de Vie pour ceux qui l'étreignent, et ceux qui la soutiennent sont heureux[116]* ».

ידוע וברור שהפילסופים אומרים כי אם הלשונות והכתיבות המחשבות באמונות הנעלמות מתחלפות ומשתנות העניינים אשר בנפש כל אדם אינם כי אם דבר אחד לכל בטבע. וכבר זכר זה אריסטו בראש ספר ארמאניוס שהוא ספר המליצה אשר נמצא אתנו ממנו, הוא ביאור אבן רשד מועתק ללשונינו על יד החכם ר' יעקב בן מלמד ז"ל. ושם אמר דבר וזה לשונו שהתיבות שידובר בהם מורות תחילה על העניינים אשר בנפש והאותיות הנכתבות מורות תחילה על אלו התיבות. וכמו שהאותיות הנכתבות ר"ל הכתב אינו אחד בעצמו לכל האומות, כן התיבות שיסופר בהם על העניינים אינן אחדות (זהות) בעצמן אצל כל אומה. ולזה היתה הוראת אלו בהסכמה לא בטבע. אבל העניינים אשר בנפש הם אחדים בעצמם לכל. כמו שהעניינים אשר בנפש המושכלים להם ומורים עליהם והם אחדים ונמצאים בטבע לכל. ועוד אמר שם והתיבות תדמנה אל העניינים המושכלים כי כמו שהדבר אפשר שהוא מושכל מבלתי שיתואר באמת ובשקר כן התיבה אפשר שהיא מובנת מבלתי שתתואר באמת ולא בשקר וכמו שאפשר שהמושכל מן הדבר יתואר באמת ובשקר כן התיבה כבר יהיה מה שיובן ממנה מתואר באמת ובשקר. והאמת והשקר ישיגו העניינים המושכלים והתיבות עליהם כשהרכיב קצתם על קצת או נחלק קצתם מקצת אבל כשנחלקו נפרדים לא יורו על האמת ולא על השקר אלה הם דבריו:

Les philosophes reconnaissent et clarifient que, bien que les langues, les écritures et les pensées dans les croyances cachées varient et changent, les concepts dans l'âme de chaque personne sont en réalité une seule et même chose pour

---

[116] Proverbes 3:18.

tous par nature. Aristote a abordé cela dans le livre *Hermeneias*[117], qui est le livre de la rhétorique, que nous possédons dans une interprétation d'Ibn Roshd (Avérroès) traduite dans notre langue par le sage Rabbi Yaâqov ben Malmad (Abba Mari Anatolio), de mémoire bénie. Il y déclare que les mots parlés représentent d'abord les concepts dans l'âme et que les lettres écrites représentent d'abord ces mots. Comme les écritures ne sont pas les mêmes pour toutes les nations, de même, les mots utilisés pour exprimer les concepts ne sont pas identiques pour chaque nation. Ainsi, leur enseignement repose sur un consensus et non sur une nature intrinsèque. Mais les concepts dans l'âme sont les mêmes en soi pour tous, comme le sont les concepts dans l'âme qui sont compris et indiqués par eux, qui sont uniques et présents naturellement pour tous. Il a aussi affirmé que les mots sont comparables aux concepts compris, car tout comme une chose peut être comprise sans être décrite soit en vérité soit en mensonge, un mot peut être compris sans être décrit comme vrai ou faux. Et tout comme ce qui est compris d'une chose peut être décrit en vérité ou en mensonge, il en va de même pour un mot, ce qui est compris de lui peut être décrit en vérité ou en mensonge. La vérité et le mensonge atteignent les concepts compris et les mots qui les expriment lorsque certains sont combinés avec d'autres ou certains sont divisés des autres, mais lorsqu'ils sont séparément divisés, ils n'indiquent ni la vérité ni le mensonge. Tels sont ses mots.

ואם כן כבר יובן מדבריו שהלשונות כולן הסכמיות הן, לא טבעיות כמו שזכר הרב גם כן במורה והביא גם הוא ראייה מן "ויקרא האדם שמות" וכו'. ואף על פי כן מצאנו שהשם בחר בנו ובלשוננו ובמכתבנו. והורנו אמונות וקבלות נבחרות אצלו משאר העניינים הנמצאים אצל זולתו מאלו הנזכרים ומן הדומה להם. כמו שנבחר בטבע בעניינים רבים זולת עניינים אחרים רבים, כפי הנגלה מטבע המציאות. והבחירה הזאת אין ראוי לדון אותה על פי אדם זולת הנביאים אשר נשלמו אצל השם יותר מזולתם משאר חכמי בני אדם. והם הנבחרים מהשם אשר יחדם להיותם שלוחיו ומלאכיו, להורות אמיתת האמונה. ואין מי שיקשה על זה:

---

[117] Peri *hermeneias* (De l'Interprétations), deuxième ouvrage de l'Organon, traitant des propositions.

D'après ses paroles, il est compréhensible que toutes les langues sont des conventions et non des phénomènes naturels, comme le Rav (Maimonide) l'a également mentionné dans le *Guide des Égarés*[118], apportant aussi une preuve de « *l'Adam formula les noms etc.*[119] ». Néanmoins, nous constatons que *HaShém* a spécifiquement choisi notre peuple, notre langue et notre écriture. Il nous a transmis des croyances et des traditions (*kabbaloth*) choisies par Lui, distinctes des autres concepts présents chez d'autres peuples, mentionnés et similaires à eux. Comme il a fait des choix dans la nature pour de nombreuses choses, au lieu de bien d'autres, comme une évidence dans la nature de la réalité. Cette sélection ne devrait être jugée que par les prophètes, qui sont plus parfaits auprès d'*HaShém* que les autres sages de l'humanité. Ce sont les élus d'*HaShém*, désignés pour être ses messagers et ses anges, pour enseigner la vérité de la foi. Et il n'y a personne qui puisse réfuter cela.

מצאנו שדבריהם בלשון הקדש ומכתבם באותיות הקדש. וזה מפני שהיא מורה על שבעים לשונות לפי דרך צירוף האותיות:

Il apparaît que leurs expressions sont dans un saint hébreu et leur écriture avec de saintes lettres. Cela s'explique par le fait que la langue hébraïque encapsule les soixante-dix langues par la méthode de combinaison des lettres (*tséirouf haOthioth*).

וידוע שהאותיות שלנו מהם אישים ומהם מינים ומהם סוגים. והנה האישים מהם מורגשים ומושגים לראות העין, שהם מורכבים מחמר וצורה בעת שנמצאים נכתבים. ומקומם על דרך משל הוא הלוח שבו נחקקו, והחמר שלהם הוא הדיו, וצורת כל אות היא תמונתה. וישיגו מקרים לכל אות, מהם מצד החמר ומהם מצד הצורה. והפועל אותם הוא הסופר הכותב אותם, המציירם בלוח. והוא הנותן הצורות לכל חלק וחלק ומזה החמר הדיוני (מדיו) הנזכר שהוא חמר ראשון לכולם והוא הקרוב וכולו חמר אחד. והצורות מתחלפות בו והוא מוכן לקבל כל צורה. והעט הוא כלי אמצעי בין הפועל והפעול ובאמצעותו תהיה הצורה של האות מתוקנת. גם לפי כח הפועל ולפי תיקון הלוח ולפי יופי החמר והפכו ולפי העט. וחמר הדיו מורכב גם כן מחמרים רבים עד ששב להיותו גם הוא חמר לאותיות ומראהו שחור. ואף על פי

<hr>

[118] Partie II, chapitre 30.
[119] Genèse 2:20.

שכבר אפשר להיותו בעל שאר מראים רק מפני שהלוח לבן, על דרך משל הטוב
אצלו ליפותו בהפכו שהוא השחור:

Il est reconnu que nos lettres ont plusieurs catégories : individuelles, génériques et classiques. Les lettres individuelles sont perceptibles et compréhensibles à l'œil, étant composées de matière et de forme lorsqu'elles sont écrites. Leur « lieu » (*maqom*), au sens métaphorique, est la tablette sur laquelle elles sont gravées ; la matière est représentée par l'encre, et la forme de chaque lettre est son image distincte. Chaque lettre acquiert des caractéristiques, certaines dues à la matière et d'autres à la forme. Le créateur de ces lettres est le scribe (*sofér*) qui les dessine sur la tablette. Il attribue des formes à chaque partie, et ici, l'encre est la matière première pour toutes, unique et omniprésente. Les formes varient au sein de cette matière, qui est prête à accepter toute forme. La plume[120] agit comme un outil intermédiaire entre le créateur et la création, et c'est par son intermédiaire que la forme de la lettre est précisée. La qualité de la lettre dépend de la capacité du créateur, de la qualité de la tablette, de la beauté de la matière et de son contraire, ainsi que de la plume utilisée. La matière de l'encre est elle-même composée de diverses substances jusqu'à ce qu'elle devienne la matière des lettres, et elle apparaît noire. Bien que l'encre puisse théoriquement être de différentes couleurs, étant donné que la tablette est blanche, il est esthétiquement préférable qu'elle soit noire, en contraste.

וכל מה שקרה לדיו קרה לשכבת זרע בעל הצורות האנושיות שהוא חמר כל אדם,
שבו נדבר לבד ונניח שאר בעלי חיים שאין זה מקום ביאור שיתופם אם האדם בזה
או הבדלם ממנו בזולת זה. ונאמר שדם האדם שנאמר עליו "כי הדם הוא הנפש"
(דברים יב׳ כג׳). ונאמר עוד "כי הדם הוא בנפש יכפר" (ויקרא יז׳ יא׳). ושם נפש משותף:

Tout ce qui se passe avec l'encre se produit également avec la semence humaine, qui est la matière première de chaque individu. Nous ne discuterons que de cet aspect, en mettant de côté les autres êtres vivants, car ce n'est pas le lieu

---

[120] L'auteur utilise le terme *êt* [עֵט], dont la racine signifie « prolongement » [de la main]. De nos jours, il s'agit d'un stylo, mais à cette époque c'était une plume. Ce n'est pas un calame, car dans ce cas il aurait utiliser le terme *qoulmous* [קָלְמוּס].

d'explorer leur association ou leur différence avec les humains dans ce contexte. Concernant le sang humain, il est dit : « *Car le sang est l'âme (néfésh)*[121] ». Il est également mentionné : « *Car le sang est avec l'âme (néfésh) expiant*[122] ». Ici, le terme « *néfésh* » est employé de manière générique.

זה הדם הוא נקבי תחילה ומראהו וצבעו אדום ואף על פי שמשתנה בצבע כמו
שמשתנה בטבע. והוא חצי חמר האדם, וחצי הדם האחר הוא זכרי והוא בצבעו לבן.
ושניהם דמי נדות כלומר דמים נדים ונעים ממקומם כדי לתת בם צורות חדשות
אצלם מיניות טבעיות במציאות והם שפעים. ושפעים מרובים נמצאים במשפיעיהם.
ובעת התחברות שני הדמים נחתמים שניהם בשם אל שדי. וסוד א"ל ראשי תיבות מן
א' ומן ל' תחילה שהם שמות מיוחדים לשתי אותיות אל. וכל פ' סודו תחילה במספרו
מולד וצרופו למוד. וכל מולד לו דם. והנה פ"ל הוא ממ"ל ונשאר משניהם אדם, והנה
חבורם אדם ממל"ל. והנה א"ל מורה במספרו על ההווי"ה לפי נגלהו ואמנם הנעלם
ממנו שהוא הנוסף בהזכרת שני השמות שהם פ"ל מ"ד הנזכרים מורים במספרם על
ההפס"ד לפי נסתרו. וזה סוד גדול ולא יובן מאלו הענינים כראוי למי שלא קיבל
הקדמות זו הדרך:

Cette description du sang révèle qu'il est initialement féminin avec une apparence et une couleur rouge, bien qu'il puisse changer de couleur tout comme sa nature change. Le sang représente la moitié de la substance d'une personne, tandis que l'autre moitié, masculine, est de couleur blanche. Les deux sont considérés comme des « *dméi-niddoth* » (sangs menstruels), c'est-à-dire des sangs fluides (*damim nadim*)[123] et mobiles, conçus pour former de nouvelles formes et attributs naturels dans leur existence, et ils sont abondants. Lors de la rencontre de ces deux sangs, ils sont scellés par le nom « *El Shaddai* » [אל שדי]. Le secret du terme « *Él* » [אֵל] se trouve avec les initiales d'*Aléf* [א] et de *Laméd* [ל], qui sont les noms spéciaux des deux lettres de « *Él* » [אֵל][124]. Donc « *Pé* » [פ][125] détient son secret dans le nombre de « *molad* » (naissance)[126],

---

[121] Deutéronome 12:23.

[122] Lévitique 17:11.

[123] Aboulâfia joue sur le lien entre *niddah* [נִדָּה], la menstruation, et *nad* [נָד], errer, vagabonder ; aller et venir.

[124] Les noms des lettres *aléf* et *laméd* s'écrivent : אָלֶף לָמֶד.

[125] C'est la lettre qui suit *aléf* et *laméd* dans le nom de la lettre *aléf*.

[126] La lettre Pé représente le nombre 80, valeur de « *molad* » [מוֹלָד] qui signifie naissance, nativité, mais qui désigne aussi le moment précis de l'apparition de la nouvelle lune. Le mot « *molad* », contient les lettres du nom de la lettre *laméd*.

et son *tséirouf* est « *limoud* » (étudier)[127]. Chaque « *molad* » a « son propre sang » (*lo dam*)[128]. Ainsi, *Pé-Laméd* [פל][129] devient « *mélél* » (dire)[130], et ce qui reste des deux est « *Adam* »[131], donc leur association devient « *Adam memalél* » (personne qui parle)[132] [אָדָם מְמַלֵּל]. De cette façon, « *Él* » par son nombre fait référence à « *hahavayah* » (l'existence)[133] dans son aspect révélé, mais ce qui est caché, ajouté aux deux noms *Pé-Laméd* [פל] et *Mém-Daléth* [מד], montrant par leur nombre « *hahéfsséd* » (la perte, la défaillance)[134] dans son aspect caché. C'est un grand secret qui ne sera pas pleinement compris par ceux qui n'ont pas reçu les prémisses de cette méthode.

וסוד שד״י מטטרו״ן והנעלם ממנו לפי השלמות אותיותיו שהם י״ב מן שי״ן דל״ת יו״ד מן יו״ד מחוברים במספרים עולים ש״ר. וסוד אל״ף למ״ד במספרים עולים הפני״ם. והחבור בכולם מטטרו״ן ש״ר הפני״ם. וראשי תיבותיהם משה והפכם השם. והנה נאמר ״וארא אל אברהם ואל יצחק ואל יעקב באל שדי ושמי יי לא נודעתי להם״ (שמות ו׳ ג׳). ולא יכיר זה הסתר הנורא וזה הסוד הנכבד כי אם היודע סוד השם הנכבד והנורא יהו״ה אשר סופיהם האדם שהוא אילן הפוך. וראשיהם שם הקדש (ההו״י) מצורף בצרוף השלישי של י״ב צרופיו להפך, אשר עליהם אמר ית׳ ״זה שמי לעלם וזה זכרי לדר דר״ (שמות ג׳ טו׳), שכוללים ל׳ שמות וסודם תי״ו ש״ל ד״ם. הוא אדם הנזכר הנכלל משני דמים החתום בשם השם הראשון הנקרא מורכב נעלם שכללו ד״ם כב״ד:

Le secret de *Shaddaï* est *Métatron*[135], Ce qui est caché dans ce nom peut être interprété par le développement de ses 12 lettres[136] : *Shin-Daléth-Yod* [שין דלת יוד], de *Yod* à *Vav-Daléth*, dont l'addition des valeurs numériques donne « *Sar* »

---

[127] La combinaison des lettres de *molad* permet d'écrire *limoud*. Il s'agit d'un jeu avec les lettres du nom de la lettre « *laméd* ».

[128] Les lettres de « *molad* » [מוֹלָד] permettent l'écriture de « *lo dam* » [לֹא דָּם].

[129] Dernière lettre du nom *aléf* (*pé*) et deuxième lettre du nom *aléf*, première lettre du nom *laméd*.

[130] La *guimatria* 110 de *laméd-pé* [לפ], est égale à celle de <u>*mélél*</u> [מְלַל].

[131] Une fois ôté *pé* et *laméd* des noms des lettres *aléf* et *laméd*: אָלֶף לָמֶד, il reste les lettres de *Adam* [אָדָם].

[132] *Adam memalél* [אָדָם מְמַלֵּל] = 185 = *Aléf-Laméd* [אָלֶף לָמֶד].

[133] *Él* [אֵל] = 31 = *Hahavayah* [הַהֲוָיָה].

[134] *Pé-Laméd* [פל] + *Mém-Daléth* [מד] = 154 = *Hahéfsséd* [הַהֶפְסֵד].

[135] *Shaddaï* [שַׁדַּי] = 314 = *Métatron* [מֶטָטְרוֹן].

[136] Pour obtenir 12, il ajoute les trois lettres de *yod* contenues dans le développement.

(Prince)[137]. Le secret d'*Aleph-Laméd* en nombres donne « *haPanim* » (les Faces)[138]. L'ensemble donne « *Métatron Sar haPanim* » (Métatron Prince des Faces)[139]. Les initiales de ces termes forment « *Moshé* » (Moïse), et leur inverse est *HaShém* (Le Nom)[140]. Comme il est dit : « *Je suis apparu à Abraham, à Isaac et à Jacob en tant qu'El Shaddaï, mais par mon nom Yhwh, je ne me suis pas fait connaître à eux*[141] ». Ce mystère profond et ce secret précieux ne sont accessibles qu'à celui qui connaît le secret du Nom glorieux et redoutable *Yhwh*, dont le résultat final est « Adam », représenté comme un arbre inversé. Leurs têtes sont le Saint [*Yhwh*] combiné dans le troisième *tséirouf* des 12 combinaisons inversées[142], à propos desquelles le béni, soit-Il, dit : « *Ceci est Mon Nom pour toujours, et ceci est mon mémorial de génération en génération*[143] ». Cela englobe 30 noms, dont le secret est « *Tiv shél dam* » (signé par le sang). C'est l'Adam mentionné, formé de deux sangs, scellé par le premier Nom appelé composition occulte, dont la somme est « *dam kavéd* » (sang lourd (épais)[144].

וכבר רמזתי למעלה סוד טלה ומאזנים עם סוד השם הנחלק לשנים, שסוד מרובעו רכ"ה עם קכ"א. ושני החיבורים שוים מצד אחד והפכם מצד אחד. חבר ר' עם ק' הרי ש' חבר כ' עם כ' הרי מ' חבר ה' עם א' הרי ו'. ואם כן סוד חבורם "יי איש מלחמה יי שמו" (שמות טו' ג') והבן גם זה:

J'ai déjà fait allusion précédemment au secret du Bélier et de la Balance, associé au secret du Nom divisé en deux, dont le secret est un carré de 225 plus 121. Les deux associations sont égales d'un côté et opposées de l'autre. Associer *Reish* (200) avec *Qof* (100) donne *Shin* (300). Associer *Kaf* (20) avec *Kaf* (20) donne *Mém* (40). Associer *Hé* (5) avec *Aléf* (1) donne

---

[137] *Shin-Daléth-Yod* [שין דלת יוד] = 814. Il faut ôter les trois lettres de *Shaddaï* [שַׁדַּי]. Il reste *in-léth-od* [ין לת וד] = 500 = *Sar* [שַׂר].

[138] *Aléf-Laméd* [אָלֶף לָמֶד] = 185 = *haPanim* [הַפָּנִים].

[139] 314 + 500 + 185 = 999 = *Métatron Sar haPanim* [מְטָטְרוֹן שַׂר הַפָּנִים]. Cette guimatria est aussi celle du développement de El Shaddaï, c'est-à-dire en ajoutant *alef-laméd* mentionnés : אל"ף למ"ד שי"ן דל"ת יו"ד.

[140] *Métatron Sar HaPanim* [מטטרון שר הפנים], *Moshé* [משה], *HaShém* [השם].

[141] Exode 6:3.

[142] Les quatre lettres du Nom offre douze combinaisons possibles.

[143] Exode 3:15.

[144] Dans d'autres ouvrages, Abraham Aboulâfia associe la *guimatria* 70 de cette expression avec *Dam vedio* [דָּם וּדְיוֹ] « sang et encre ».

Vav (6)[145]. Ainsi, le secret de leur association est : « *Yhwh est un homme de guerre, Yhwh est 'Son Nom' (Shemo*[146])[147] ». Comprends aussi cela.

---

[145] 300+40+6 = 346 = 225+121.

[146] *Shemo* [שְׁמוֹ] = 346

[147] Exode 15:3.

VIII

ואלה הנפלאות המקובלות העולות למושכלות וכמה מכיוצא בהם שנתאמתו בשכל אצלינו שאין ערך למעלתם, איך יתכן שיכירום [זולת ה] נביאים שמתנבאים על פי השם. ואשוב לומר כי לפי שהאותיות הם מורכבים מחומר וצורה. והתיבות מורכבות מן האותיות. והענינים מורכבים מהתיבות. מן הדין הוא אם כן שיורו על כל המציאות:

Voici les merveilles reçues (*kabbaloth*) qui s'élèvent à travers les intellects, et nombre d'entre elles, semblables en cela, ont été authentifiées par notre intellect (*sekhel*), dont l'étendue est incommensurable. Comment pourrait-on les reconnaître si ce n'est par les prophètes qui parlent par la bouche d'*HaShém* ? Je dirais à nouveau que puisque les lettres sont formées de matière et de forme, et que les mots sont constitués de lettres, et les concepts de mots, il s'ensuit naturellement qu'ils doivent représenter toute la réalité.

והנה זה הענין הוא נמצא בשלשה עולמות. האחד הוא הנמצא בספר הנכתב המחובר יחד מאותיות נכתבות. והשני הוא הנמצא בספור הנבטא בלשונות המחובר מאותיות נזכרות. והשלישי הוא הנמצא בספר הנחשב בלבבות על דרך המחשבה הנכללת מאותיות נחשבות:

Voici que cette matière se manifeste à travers trois mondes. Le premier est celui qui se trouve dans le livre écrit (*séfér*), assemblé à partir de lettres inscrites. Le deuxième est celui qui se trouve dans le récit prononcé (*sippour*), formé de lettres énoncées. Le troisième est celui qui se trouve dans le calcul intérieur (*sfar*), inscrit dans les cœurs, élaboré par le biais de la pensée, composé de lettres évaluées (calculées).[148]

וידוע שאלה המינים המתחלפים מהאותיות דומים בהתחלפותם לשלשה עולמות:

Il est reconnu que ces espèces qui se transforment à partir des lettres prennent des formes semblables à celles des trois mondes dans leur métamorphose.

---

[148] On peut entendre ce paragraphe dans le sens où les trois types de lettres sont : écrites, articulées et pensées.

המין החיצון הנפרד מכל גוף האדם והוא המורגש הנראה לעינים דומה לעולם השפל,
שהוא חי מצד [אחד] ומת מצד [אחד]. חי מצד מניעיו וכוחותיו ומת מצד עצמו לפי
טבעו. וכמו שהיד והעט הם סבות רבות קרובות למציאות האותיות, והעינים
משגיחים בתת צורות בחמרם, והלשון מדברת בם בעת המצאם, והלב מצייר מבפנים
ונותן הצורות בחוץ. כן הגלגל והכוכב הם סבות קרובות למציאות החמר הראשון
הדומה לחמר הראשון של האותיות שהוא הדיו. והכחות הגלגליות והכוכביות
הדומים לעינים משגיחים בנתינת צורות לחמר זה השפל. וההנהגה השמימיית הדומה
ללשון מנהגת ומסדרת ומערכת סדרי הנמצא הזה ומערכותיו, כפי הראוי בכלל בעת
המצאת הכנות לחמרם. והשכל האלהי הדומה ללב שהוא המעמיד הכל והוא פנימיי
מצייר הצורות כולן מבפנים ומגלה פעולותיהם מבחוץ:

Le type extérieur, distinct de l'ensemble du corps humain et qui est sensible et visible, est analogique au monde inférieur : il est vivant par ses impulsions et ses forces et mort par sa propre essence selon sa nature intrinsèque. De même que la main et la plume sont causes immédiates de la création des lettres, et que les yeux contemplent les formes dans leur matière, et que la langue les évoque au moment de leur apparition, et que le cœur conçoit de l'intérieur et projette les formes au dehors. De la même façon, la sphère céleste et les astres sont causes immédiates de l'existence de la matière première, analogue à l'encre, substrat premier des lettres. Les forces sphériques et astrales, telles les yeux, président à l'infusion des formes dans cette matière basse. La providence céleste, comparable à la langue, gouverne, agence et ordonne les configurations de cet être et de ses systèmes, selon ce qui convient universellement lors de la préparation de leur substance. Et l'Intellect divin, semblable au cœur, qui est le pilier de tout et d'une essence interne, modèle toutes les formes en son for intérieur et manifeste leurs opérations au dehors.

והמין האמצעי התלוי בעולם העליון מגוף האדם שהוא הראש והוא שוכן בצד הפנים
והוא המורגש הנשמע לאזנים, דומה לעולם האמצעיי הגלגליי שהוא נצחי מצד
צורתו המשכלת שבה משיג. ויש לו קצת מחיצה (חסרון) מדרך השגתו, מפני היות
נושא צורתו דבר בלתי משיג מעצמו, עם היותו קיים. וכיוצא בעניינו קוראים
החוקרים לא הוה ולא הנפסד. וכשתדקדק בסוד כל הלשונות שאדם יבטא בם שפתו
עם שאר מקומות הפה הארבעה הידועים, תמצא עניינים שוים ומתדמים עם עניין
העולם השמימיי בכלל. וברוב הפרטים יאריך ספור עניניהם, כי יותר הוא הרבה בלי
שיעור מה שנעלם ממנו מאלו העניינים, ממה שנגלה לנו מהם עם חשבונו שידענו

מהם הרבה. ואינו כטפה מן הים הגדול מה שצריך, כל שכן לפי מהותו כי אין חקר לתבונה:

Le type intermédiaire, qui dépend du monde supérieur du corps humain, c'est-à-dire la tête, qui réside du côté intérieur et est perceptible par l'ouïe, est similaire au monde intermédiaire céleste, qui est éternellement vivant de par sa forme intelligible. Il a cependant certaines limitations dans sa compréhension, car bien qu'il existe, il porte une forme qui est en soi inconnaissable. Les chercheurs (philosophes) appellent ce phénomène ni être ni non-être. En examinant minutieusement le secret de toutes les langues que l'homme peut exprimer avec ses lèvres et les quatre autres emplacements connus de la bouche, on trouve des éléments communs et similaires au concept du monde céleste en général. En détail, le récit de leurs phénomènes s'allonge, car il y a infiniment plus de choses qui nous sont inconnues à leur sujet que celles qui nous sont révélées, même avec toute la connaissance dont nous disposons d'eux. Ce que nous savons de ce qui est nécessaire n'est qu'une goutte dans l'océan, et encore moins par rapport à leur essence, car il n'y a pas de limite à la compréhension (*tevounah*).

Le type médian, suspendu au monde supérieur du corps humain, qui est la tête et qui réside dans l'intimité et est perçu par l'ouïe, est semblable au monde intermédiaire des cieux, qui vit éternellement par la vertu de sa forme intellectuelle et compréhensible. Il a toutefois des limites dans sa capacité de compréhension, car, bien qu'il existe, il porte en lui une forme qui, par essence, ne peut être pleinement saisie. Les philosophes (chercheurs) désignent cet état comme n'étant ni être ni néant. Lorsqu'on scrute minutieusement le mystère de toutes les langues que l'homme peut articuler avec ses lèvres et à travers les quatre autres lieux connus de la bouche, on découvre des concepts qui se mêlent et se ressemblent à l'idée générale du monde céleste. En détail, l'explication de leurs phénomènes s'étend, car ce qui nous reste caché sur ces sujets est infiniment plus abondant que ce qui nous est révélé, même avec l'abondance de connaissances que nous avons accumulée. Ce que nous appréhendons de nécessaire n'est qu'une goutte dans l'océan comparé à leur essence, car il n'y a pas de fin à l'entendement.

והמין השלישי הפנימי אשר הוא כולו רוחני ואינו מורגש, דומה לעולם העליון אשר אין ראוי לדבר בו [ב]פה. ולא ימסר מה שנודע ממנו כי אם פה אל פה ולאישים המיוחדים לבדם. והם השרידים אשר יי קורא:

Le troisième type, entièrement spirituel et imperceptible, est assimilable au monde supérieur, dont il n'est pas convenable de parler ouvertement. Les connaissances acquises à son propos ne doivent être confiées que d'une voix à une autre, exclusivement à des individus particulièrement désignés. Ce sont les rescapés que *Yhwh* nomme.

ואמנם דומה העולם כולו לפני השי״ת לענין ההמצאה כמו שדומים ספר וספר וספור לפני השכל הפועל הנפרד המשפיע טובו על האדם והמוציאו מן הכח אל הפועל. והלב דומה לשכל והלשון למשכיל והכתב למושכל. והעולם השפל מושכל והאמצעי משכיל והעליון שכל. ואם כן העליון שכל ומשכיל ומושכל, והאמצעי משכיל ומושכל, והשפל מושכל לבד. וכשהאדם יוצא בו עם כח שכלו מן הכח אל הפועל לעתים יקרא משכיל מושכליו וידמה לאמצעיים. וכשיצא מן הכח אל הפועל תמיד בלי הפסק שזה לא יתכן היותו אלא אחר פרידה שהיא עת מיתה לגוף ועת תחיה לנפש יקרא שכל משכיל בפועל נצחי. ויתדמה לשכל הפועל הנבדל מכל חומר ומכל נושא המוציאו מן הכח אל הפועל השלם:

Certes, le monde entier devant le Divin peut être comparé au processus de Création, tout comme le livre (*séfér*), le nombre (*sfar*) et le récit (*sippour*) le sont à l'égard de l'Intellect Agent, distinct, qui dispense son bien à l'homme et le fait passer de la puissance à l'acte. Le cœur est à l'Intellect ce que la langue est à l'éducateur, et l'écriture à celui qui est instruit. Le monde inférieur est l'instruit, l'intermédiaire est l'éducateur et le supérieur est l'Intellect. Ainsi, le supérieur est Intellect, éducateur et instruit ; l'intermédiaire est éducateur et instruit ; et l'inférieur est seulement instruit. Quand l'homme fait passer son intellect de la puissance à l'acte, il est parfois nommé l'instruit de son éducateur et est assimilé aux intermédiaires. Et lorsqu'il passe de la puissance à l'acte de manière continue et sans interruption, ce qui n'est possible qu'après une séparation, qui est un moment de mort pour le corps et de renaissance pour l'âme, il est alors appelé Intellect éducateur en action éternelle. Il devient semblable à l'Intellect

Agent, séparé de toute matière et de tout substrat, qui le fait passer complètement de la puissance à l'acte.

ובזכות החכמות יחיה אחר מות על היות האותיות ענינים משלשים אצל האדם וכלים קרובים בהתגלגלם לסייע לנפש בקלות יותר משאר הכלים ליציאתה לפעל:

Par le mérite des sagesses acquises, il vivra après la mort, étant donné que les lettres sont des concepts qui se déclinent en trois types chez l'homme et sont des outils (*kelim*) privilégiés dans leur évolution pour assister l'âme avec plus de facilité que tout autre outil à se manifester dans l'action.

ודרכם לפי הספר היא הצירוף והתמורה והמשקל וכל מה שנמשך מאחריהם בסוד הקבלה:

Leur procédé, selon le livre (*séfér*), réside dans l'art du *tséirouf* (combinaison), de la *temourah* (permutation), de la mesure, et de tout ce qui découle selon le mystère de la Kabbale.

ולפי הספר הוא החשבון והשלמות האותיות לפי מספרם. ולפי חשבון המתחייב משמות מנינם ולפי סגלת המנינים שיש בהוראת כל אות ואות מהן וידיעת השתתפותם והבדל צורה זו מצורה זו והודעת הנקרא בשמות המורים על הנמצאים הנעלמים על פי האותיות הנעלמות ועל פי גלגלי הוראת השמות בעלי האותיות הנספרות, כעין שם בן ארבע אותיות ופירושיו, ושם בן י״ב ופירושיו ושם בן מ״ב ופירושיו, שרמזו הרב במורה בחלק ראשון בפרק ס״ב ואמר בו שידיעתו מביאה לידי השגת השכל הפועל עם מה שחיבר אליו לפניו ואחריו כאשר זכר בו. כמו שהעיר על סוד הצירוף בחלק ב׳ בענין הנבואה במלת בחל עם חבל. ושם בן ע״ב שלא זכרו הוא ז״ל. וכל שכן לפי מה שגלה איש האלהים גם כן משה עבד יי בפירושי התורה. הוא הנלחם מלחמות יי, הוא הנחמני חברו של המימוני. ששניהם תלמידי העמרמי שהם נשיאי העולם שלשתם ע״ה. שאמ׳ בראש ספרו עוד יש בידינו קבלה של אמת שכל התורה כולה שמותיו של הקב״ה. ובאר לנו שם סוד איכות זה הענין הנורא שגלה ז״ל ומהות אמתת דברו זה בראיות ברורות שאין להרהר אחריהם אצל כל משכיל מקובל. ואיני צריך לשנות פה מה שכבר זכרו הוא ע״ה מפורש:

D'après le nombre (*sfar*), la méthode est celle du calcul et de complétude des lettres selon leur nombre. Cela inclut le calcul dérivé des valeurs numériques Noms, et selon les propriétés numériques contenues dans l'enseignement de chaque lettre, la compréhension de leur synergie, la distinction entre une forme et une autre, et la connaissance de ce qui est invoqué par les Noms qui signalent les réalités occultes selon les lettres cachées et selon les cycles d'instruction des Noms associés aux lettres énumérées. Cela est illustré dans le Nom de quatre lettres et ses explications, le Nom de douze et ses interprétations, et le Nom de quarante-deux et ses interprétations, qui ont été évoqués par le Rav dans le « *Guide des Égarés* », Partie I, Chapitre 62, indiquant que leur compréhension conduit à la saisie de l'Intellect Agent, ainsi que tout ce qui a été compilé avant et après, comme cela a été noté. Ainsi qu'il a indiqué concernant le mystère de la combinaison dans la Partie II sur la prophétie, dans les mots « *baħal* » (mépriser) joint à « *ħaval* » (blesser)[149]. Le Nom de soixante-douze, bien qu'il ne soit pas mentionné par lui, est également d'importance. D'autant plus, avec ce que l'homme d'*Élohim*, Moïse, le serviteur de *Yhwh*, a révélé dans les interprétations de la *Torah*, je veux parler du guerrier des batailles de *Yhwh*, Naħmanide, l'ami de Maimonide. Les deux étant disciples d'Averroès, sont considérés comme les princes de ce monde. Comme il est dit au début de son livre, nous détenons une *kabbalah* authentique selon laquelle toute la *Torah* consiste en les Noms du Saint, béni soit-il. Là, il a élucidé le secret de cette matière redoutable, la vérité de sa parole avec des preuves indéniables qui ne devraient pas être mises en doute par aucun *maskil* kabbaliste. Et il n'est pas nécessaire que je répète ce qu'il a déjà exprimé de manière explicite.

ואמנם לפי הספור הוא שצריך להרגיל להתיך כל הלשונות אל לשון הקדש עד שכל דבור שיזכירהו המדבר בפיו ובשפתיו יחשבנו כאלו הוא מחובר מאותיות הקדש שהם כ"ב אותיות. ויגלגלהו עד שיוצא ממנו עם רוב גלגולו והתהפכותו אל כל צד, מיץ חלב. שממנו יצא המיץ הנקרא חמאה. ואם יחשוב להוציא חמאה ממיץ חלבו ונפת מדבשו "ותחת חטה יצא חוח ותחת שעורה באשה" (איוב לא' מ') "ומיץ אף יוציא דם ומיץ אפים יוציא ריב" (משלי ל' לג'), אל יבהל הצורף "כי יש לכסף מוצא" (איוב כח' א'). גם ישמר מפני שכבר נאמר "מצרף לכסף וכור לזהב ובוחן לבות יי" (משלי יז' ג'). ונאמר "צרופה אמרתך מאד ועבדך אהבה" (תהלים קיט' קמ'). ונאמר לפי הסוד הנסתר לרמז על זה ועל כיוצא בו "כי מנסה יי אלהיכם אתכם" (דברים יג' ד'):

Effectivement, selon la narration (*sippour*), il est nécessaire de s'habituer à transposer toutes les langues en la langue

---

[149] Baħal [בָּחַל] et Ħaval [חָבַל] sont anagrammes.

sainte, de sorte que chaque parole prononcée par le locuteur avec sa bouche et ses lèvres soit considérée comme composée des lettres des lettres saintes, qui sont au nombre de vingt-deux. Il doit les faire tourner jusqu'à ce qu'à travers de multiples rotations et inversions, dans toutes les directions, il en extrait l'essence du lait, d'où est produite la crème nommée beurre. Si l'on envisage d'extraire le beurre de cette crème et la cire de son miel, « *au lieu du blé sortira l'épine et au lieu de l'orge, l'ivraie[150]* ». « *Car la colère produit la dispute, et la colère produit le sang[151]* ». Que l'orfèvre (*tsoréf*) ne se trouble pas, « *car il y a une origine pour l'argent[152]* ». Il doit aussi être vigilant, car il est dit « *Le creuset (metsaréf) pour l'argent et le four pour l'or, mais c'est Yhwh qui éprouve les cœurs[153]* ». Et il est dit : « *Ta parole est très épurée (tseroufah), et ton serviteur l'aime [154]* ». Cela est évoqué à travers un secret caché, pour suggérer ceci et des choses similaires, « *car Yhwh, votre Dieu, vous éprouve.[155]* »

L'humain est constitué de deux inclinations (*yétsérim*) primordiales partagées, dont l'origine réside en son père et sa mère, similaires à la matière et à la forme. Comment pourrait-il exister une pensée unique et spécifique, dénuée de dualité, si ce n'est une pensée partagée par eux, n'est-ce pas ? Sache cela.

Combien faut-il ajouter à ce que nous avons insinué, afin de dévoiler la vérité au novice qui s'aventure dans la chambre

---

[150] Job 31:40.
[151] Proverbes 30:33.
[152] Job 28:1.
[153] Proverbes 17:3.
[154] Psaumes 119:140.
[155] Deutéronome 13:4.

de la Sagesse. Il n'a pas encore même aperçu le visage de la cité, encore moins ses murs, encore moins l'ensemble du Palais Royal, encore moins sa cour, et encore moins son palais, et à plus forte raison le Visage du Roi. Et à quel point est-il plus encore éloigné de la parole du Roi, à moins qu'il ne suive l'ordre approprié de cette voie merveilleuse.

IX

ואני יודע מצד הבחינה והנסיון שכל מה שידעתי מדרכי ספרי הנביאים בפשוטם ובפירושם ובמשלי אגדותיהם ומדרשיהם ומה שלמדתי מן התלמוד. וגם היה מעט מה שלמדתי מספרי חכמי הפילוסופים. ומה שידעתי מלמוד המורה ומה שקבלתי מסתרי השמות הכתובים בפרקי ר׳ ישמעאל באותיות דר׳ עקיבה ובס׳ הרזים ובספר רזיאל ובספר משמרות העליונות והתחתונים ובספר הבהיר ובס׳ יצירה עצמו, כל זה לא הביאני דבר ממנו לידי השגת השכל הפועל עד שאוכל להתפאר ולהתהלל בנבואה שהתהללתי בה לקיים מה שנאמר ״כי בזאת יתהלל המתהלל״ וגו׳:

Je sais, par l'analyse et l'expérience, que tout ce que j'ai appris des voies des Livres des Prophètes, dans leur sens littéral et leur interprétation, ainsi que les paraboles, les légendes et les commentaires du *Talmud*, et aussi un peu de ce que j'ai appris des livres des philosophes ; ce que j'ai compris de l'étude du Guide des Égarés, et ce que j'ai reçu des secrets des Noms mentionnés dans les chapitres de Rabbi Ishmael, dans les lettres de Rabbi Aqiva, dans le Sefer Raziel, dans le Livre des Gardes célestes et terrestres, dans le Sefer Bahir et dans le Sefer Yétsirah lui-même, tout cela ne m'a pas amené à la compréhension de Intellect Agent, au point que je puisse revendiquer ou me glorifier de la prophétie dont je me suis vanté, pour accomplir ce qui est dit : « Que celui qui se glorifie, se glorifie de ceci... »

Je sais, de par l'observation et l'expérience, que tout ce que j'ai appris des chemins des Livres des Prophètes, dans leur sens littéral et interprétatif, ainsi que des Paraboles, des Légendes et des commentaires du *Talmud*, et aussi un peu de ce que j'ai appris des écrits des sages philosophes ; ce que j'ai compris de l'étude du *Guide des Égarés*, et ce que j'ai reçu des mystères des Noms écrits dans les *Pirqéi de Rabbi Ishmael*, des *Othioth de Rabbi Aqiva*, du *Séfér Raziel*, du *Livre des Gardes célestes et terrestres*, du Se *Séfér Bahir* et du *Séfér Yétsirah* lui-même, tout cela ne m'a pas conduit à la compréhension de l'Intellect Agent, au point que je puisse me vanter ou me glorifier de la prophétie dont j'ai fait état, pour réaliser ce qui est dit : « *Que celui qui se loue, se loue de ceci :...[156]* »

עד שהתקבלתי לקבל ההשגה בפעל ושמתי נפשי בכפי עליה לפי הדרך המקובלת בידיעת השם לבד. ועם כל זה כבר גברו עלי המונעים בעונותי ומנעוני מדרך ההתבודדות עד שפסקה ממני רוח הקדש בפעל כהיום הזה. רק כחי נותן שבח לבעל השבח האמיתי, שלא עשני אשה ולא עשני גוי והוא פוקח עורים וזוקף כפופים, ומתיר אסורים והוא המעביר שינה מעיני ותנומה מעפעפי ישתבח ויתפאר זכרו ויתעלה שמו על הכל:

Jusqu'à ce que j'obtienne l'aptitude à la compréhension active, j'ai dévoué mon âme à cette quête, suivant la voie kabbalistique de la connaissance du seul Nom. Malgré tout, les obstacles, engendrés par mes fautes, ont pris le dessus, m'empêchant de m'engager dans *l'Hitbodedouth* (méditation solitaire), jusqu'à ce que l'Esprit de sainteté en action se retire de moi, comme c'est le cas actuellement. Cependant, ma vraie force réside dans la louange du Maître des louanges, qui ne m'a pas créé femme ni Gentil, qui donne la vue aux aveugles, redresse les courbés, libère les captifs, et chasse le sommeil de mes yeux et la somnolence de mes paupières. Que Sa renommée soit glorifiée, Son nom exalté au-dessus de tout.

הנה כבר כתבתי לך ולדומים לך קצת דברים מורים על מקצת עניני הקבלה ואיך היא חכמה מביאה לידי רוח הקדש לבדה. ולא יתכן ששום חכמה אחרת תהיה מביאה אליה בשום צד. ואם כן הפרש גדול מאד יש בין חכמי הקבלה הנבואית ובין חכמי המחקר כולם, במדרגת ההשגה האלהית. עם היות אלה ואלה מכונים למצוא האמת, וישתתפו מצד החקירה ויבדלו מצד המדרגה. ראה מה הבדלם ושתופם, ומשני העניינים תתעורר אל הנכבד:

Je t'ai déjà écrit, ainsi qu'à ceux qui te sont similaires, sur certains aspects de la Kabbale, et comment cette Sagesse mène exclusivement à l'Esprit de sainteté. Aucune autre forme de sagesse ne peut y parvenir de quelque manière que ce soit. Ainsi, il existe une différence considérable entre les sages de la Kabbale prophétique et les philosophes[157] en termes de compréhension divine. Tous deux cherchent la Vérité, mais bien qu'ils partagent des méthodes d'investigation, ils

---

[156] Jérémie 9:23.
[157] Litt. sages de l'investigation.

diffèrent grandement en matière de niveau spirituel. Examine leurs divergences et leurs similitudes, et à travers ces deux aspects, éveille-toi à la noblesse.

"הנה זה חקרנוה כן היא שמענה ואתה דע לך" (איוב ה' כז'). וראה גם ראה אם מה שהתפארת בו על ידיעתו והוא ענין ידיעת השם, אם ידעתו מספר השם של החכם ר' אברהם אבן עזרא ז"ל. או קבלתו על פה מפי שום חכם מקובל, או הבנתו מעצמך מתוך מה שלמדת מחכמת הפילוסופים בו באחד מאלו הדרכים או ביותר מהן, או בדרך אחרת. אמור לי זה בכתב או על פה אם היה הדין אתי לומר מה שאמרתי על זה מן הפלא והתמה אצלי, על מה שאמרתי עם היותך מגנה מקובל שכל מקובל יודע ומכיר שבחה ומעלתה ומניעת הידיעה האמיתית במה שזכרת עם הכחשת אמיתות מהותה:

« *Nous avons examiné ceci ; c'est bien ainsi. Écoute-le et comprends-le pour toi-même[158]* ». Considère aussi si ta prétention à connaître le Nom, provient-elle du livre du sage Rabbi Abraham Ibn Ezra, de mémoire bénie, ou l'as-tu reçue oralement d'un sage kabbaliste, ou l'as-tu déduite toi-même de tes études en philosophie, que ce soit par l'une de ces voies ou par plusieurs, ou même par un autre moyen. Fais-moi part de cela, par écrit ou oralement, si le droit de juger ce que j'ai exprimé à propos de ton étonnement et de ta surprise me revient. Cela, au regard de tes propos, alors même que tu critiques une voie reconnue et valorisée par tout kabbaliste pour sa noblesse et son importance, et que tu refuses d'admettre la vérité de son essence comme tu l'as mentionné, malgré le déni de sa véritable nature.

ואם כן דע באמת כי לא אשא לך פנים בזה ולא לשום חכם בעולם ממכחישי הדרך האמיתית בה. אבל אומר לך מבואר בלא ספק שאני דנתיך בידיעה ההיא למתחיל בה או למשגה או לשובה או למטעה או לטועה או למתלוצץ על הקבלה, מפני שדבריך השניים העירוני אל היותי דן אותך באחד מהדינים האלה וסופך הוכיח על תחילתך. והשם יודע ועד כי מה שאמרתי במה שדנתיך עליו לא היה כדי לדון אותך לכף חובה אלא כדי לזכותך עד שתשוב בתשובה שלימה בזה:

Sache vraiment que je ne ferai pas preuve de partialité envers toi, ni envers aucun sage dans le monde qui réfute la véritable voie de la Kabbale. Toutefois, je te déclare sans ambigüité que je t'évalue selon cette connaissance, que tu sois

---

[158] Job 5:27.

un novice, un égaré, un repenti, un trompeur, un égarant, ou un moqueur de la Kabbale. Tes propos m'ont amené à prononcer l'un de ces jugements à ton égard, et ta conclusion révèle tes intentions initiales. *HaShém* sait et témoigne que mon jugement à ton encontre ne visait pas à te discréditer, mais plutôt à te disculper, jusqu'à ce que tu reviennes à une complète repentance (*teshouvah*) à cet égard.

ועתה אחי צא מאצטגנינות שלך והשתדל בחכמות הפילוסופיות אחר שתיגע מן המקובלות הנזכרות אם תרצה להטייל בם וקחם לך לטבחות אחר שכבר לקחת לרקחות ואח"כ תשמש בם ויהיו אצלך לאופות. שכך אמר הרב שהיו לו משמשות ולקחם לרקחות ולטבחות ולאופות:

Maintenant, mon frère, éloigne-toi de ton astrologie et consacre-toi aux sagesses philosophiques après avoir exploré les enseignements kabbalistiques mentionnés, si tu désires t'y engager. Utilise-les pour cuisiner après les avoir employés comme potions, et par la suite, fais-en usage, qu'ils soient pour toi comme des ingrédients à cuire. Comme le Rav l'a dit, il les a utilisés en tant que potions, pour cuisiner et pour la cuisson.

ודע שאני טרם היותי יודע סוד דרכי הקבלה הייתי חושב שאין חכמה מעולה מן הפילוסופית וכן הוא שאין למעלה ממנה כשהיא גם כן נמשכת אחר דרכי התורה שלנו הנסתרות. אבל אחרי קבלי חכמת הקבלה המביאה לידי ההשגה בקלות, ידעתי שזאת גברת וזאת שפחה. ואז ידעתי גם כן הטעות הגדולה טעו קצת אנשים שקוראים עצמם בקצת ארצות ידועות איני רוצה לפרסם גנותם בשם מפורסם בדרכי הקבלה בעלי שמות. והטעות היא שהם חושבים שיעשו פליאות עם כח השמות בהשבעות כשיזכירום בפיהם בלתי שום ידיעה והכנה בענין הוראתם. ויאמרו שיהיו פורחים באויר על קנים וימיתו שונאיהם בדבריהם ויכבו אש וישתיקו הים מזעפו בשם וכיוצא באלו השגעונות הדמיוניות אין חקר. עד שהביאותם המחשבה הכוזבת לחשוב שעם השבעותיהם ההבליות יכריחו אשת איש להביאה בחצי הלילה אל מטתם מעצמה כדמות משוגעת. עד שיתפארו קצתם בשהם כבר בחנו זה ונסוהו ועלה בידם ולפי' יכתבו בספריהם על קצת ענינים אלו, זה בחנו ומנוסה. וכשירצו להעלים ענין לרמות בו הפתאים יכתבו קצת זה מצורף, ובמקום לאהבה יכתבו הבהאל ובמקום לשנאה יכתבו הנשאל, ושם יבלבלו קצת דבריהם ההבליים:

Sache que, avant de découvrir le secret des chemins de la Kabbale, je pensais qu'aucune sagesse ne surpassait la philosophie, et en effet, il n'y en a pas au-dessus lorsqu'elle est aussi basée sur les enseignements occultes de notre *Torah*.

Mais après avoir embrassé la Sagesse de la Kabbale, qui facilite grandement la compréhension, j'ai réalisé que cette dernière est la maîtresse et la philosophie, sa servante. J'ai également pris conscience de l'énorme erreur de certains se proclamant experts dans diverses contrées connues, dont je ne souhaite pas divulguer les noms pour ne pas les discréditer, en prétendant suivre le chemin de la Kabbale et maîtriser les Noms. Leur erreur est de croire qu'ils peuvent accomplir des miracles par la puissance des Noms, en les prononçant sans aucune connaissance ni préparation de leur enseignement. Ils prétendent pouvoir voler dans les airs sur des cannes, tuer leurs ennemis par la parole, éteindre le feu, apaiser la mer en furie par un Nom, et autres fantaisies similaires insondables. Ils sont persuadés que, par leurs futiles incantations, ils peuvent inciter une femme mariée à se rendre d'elle-même dans leur lit à minuit, telles des démentes. Certains se vantent d'avoir expérimenté et réussi cela, et l'écrivent dans leurs livres comme « testé et éprouvé ». Et quand ils veulent dissimuler quelque chose pour tromper les naïfs, ils brouillent leurs écrits en remplaçant, par exemple, « *leahavah* » [לְאַהֲבָה] (par amour) par « *habahal* » [הבהאל] (par la haine), et « *leshinah* » [לְשִׂנְאָה] (de haine) par « *hanashel* » [הנשאל], (interrogation), embrouillant ainsi leurs vains discours.

ואלה העניינים והדומים להם לא יאות לאדם שלם מבקש האמת לשמעם, כל שכן להאמינם, וכל שכן לבקש ידיעתם או בחינתם אם הם אמת או שקר. כי הם שקר וכזב בתחילת המחשבה ניכרים לחכמי ולחוקרי החכמה ולמשיגי הנבואה. וזה לפי שכבר התבאר אצל אלה השלמים אנשי המעלות באמת, שידיעת השמות האמיתית היא המורה על מציאות השם ועל השגחתו המיוחדת בחכמים לפי מדרגותם ובצדיקים החסידים כפי הדבקם בשם וכפי התקרבם אליו ית' ועל שאר עניינים שבין השם ובינינו כי זו היא הדרך הנכונה להאמינה ולדעתה:

Ces sujets, ainsi que ceux similaires, ne conviennent pas à une personne intègre recherchant la vérité, encore moins à y croire, et bien moins encore à chercher à savoir ou à vérifier leur véracité ou leur fausseté. En effet, ils sont reconnus comme mensongers et trompeurs dès le début par les sages, les chercheurs de sagesse et ceux qui ont atteint la prophétie. Ceci est établi chez ceux qui sont véritablement accomplis et vertueux, que la véritable connaissance des Noms indique l'existence de d'*HaShém* et Sa providence spécifique envers les sages selon leurs niveaux, et envers les justes pieux selon leur attachement au Nom et leur proximité avec Lui, béni soit-Il. Et concernant d'autres sujets entre *HaShém* et nous, voici la voie de la *Kavanah* pour croire et connaître.

ומה אוסיף אחר זה להאריך בזה לפי הכונה שנתחדשה אצלי על היותי מושיב על כתבך המעיד על רוב חכמתך. ודי במה שהערותיך עליו בענין זה ולהועילך בו ולחזק כוסף מחשבתך אל ההשגה להשתדל אחריה בדרך מחודשת. ואף על פי שכבר חיברתי בזאת החכמה, כ"ו ספרים וחדשתי כ"ב ספרי נבואה בה מספיק עתה בזה המעיין פה לפי המכוון בו. וכל זה לכבודך ולכבוד הרב אם כל הקהל, ואני בטוח בשם ית' שאני אשים שלום ביניכם שלכך אני משתדל לכתוב דברי אלה. ואני מזכירכם בנתים דברי רבותינו הקדושים ז"ל, אבל איני כמזהיר אלא כמזכיר ואפילו אם איני כראוי להזכיר וכל שכן להזהיר בטחתי על רוב עוונותיכם ועל חוזק תורתכם שתמחלו לי על מה שאמרתי ועל מה שאומר עוד עתה:

Que pourrais-je encore ajouter sur ce sujet, selon l'intention (*kavanah*) renouvelée en moi en lisant ta lettre, qui témoigne de ta grande sagesse ? Tes observations suffisent à éclairer ce sujet, pour t'aider et pour renforcer ton désir de compréhension, en te dirigeant vers de nouvelles voies. Bien que j'aie déjà écrit 26 ouvrages sur cette sagesse et révisé 22 livres de prophétie, il est maintenant suffisant de se plonger dans cette source ici, conformément à son intention (*kavanah*). Tout ceci est en ton honneur et celui du Rav, ainsi que de toute l'assemblée. Je suis confiant, au nom du Nom – béni soit-Il, que je réussirai à instaurer la paix entre vous, c'est pourquoi je m'applique à écrire ces lignes. Je te rappelle les enseignements de nos Saints Maîtres, de mémoire bénie, non pas pour te réprimander, mais simplement pour te rappeler, bien que je ne sois pas digne de le faire, encore moins de réprimander. Je me fie à l'étendue de tes erreurs et à la solidité de ta *Torah* pour que tu me pardonnes ce que j'ai dit et ce que je vais encore dire.

ידעתי בביאור מתוך שמועתכם הטובה הבאה אלי שלא נעלם מכם מה שאמ' לזכרון. והוא שבא בגמרא שבת, שהיא ספר מלא מרגליות דלית להון טימי. בפרק במה אשה על ענין שני ת"ח במה שראוי להיות ביניהם, מן הדרכים המעולים לפי מקצת פסוקים שנדרשו שם כאמרם ז"ל.

אמר ר׳ ירמיה אמר ר׳ אלעזר שני תלמידי חכמים המהדרין זה לזה בהלכה הקב״ה מצליח להן שנא׳ ״והדרך צלח רכב״ (תהלים מה׳ ה׳), ולא עוד אלא שעולין לגדולה שנא׳ ״רכב״, יכול אפילו שלא לשמה, ת״ל ״על דבר אמת״ (שם) יכול אפילו הגיס דעתו, ת״ל ״וענוה צדק״ (שם). ואם עושין כן זוכין לתורה שנתנה בימין שנא׳ ״ותורך נוראות ימינך״ (שם).

רב נחמן בר יצחק אמר זוכין לדברים שנא׳ בימינה של תורה, דאמ׳ רבה בר רב שילה אמר רב חסדא אמרי לה ר׳ יוסף בר חמא אמר רב ששת. מאי דכתיב ״ארך ימים בימינה בשמאלה עשר וכבוד״ אלא מעתה בימינה ארך ימים איכא עושר וכבוד ליכא, אלא למימינין בה ארך ימים וכל שכן עושר וכבוד ולמשמאילין בה עושר וכבוד איכא אורך ימים ליכא.

אמר ר׳ ירמיה אמר ר׳ שמעון בן לקיש תלמידי חכמים הנוחין זה לזה בהלכה הקב״ה מקשיב להם שנאמר ״אז נדברו יראי יי איש אל רעהו ויקשב יי וישמע ויכתב ספר זכרון לפניו ליראי יי ולחשבי שמו״ (מלאכי ג׳ טז). ואין דבור אלא לשון נחת שנאמר ״ידבר עמים תחתינו״ (תהלים מז׳ ו׳). ולא עוד אלא שדבריו נכתבים, שנאמר ״ויכתוב ספר זכרון לפניו ליראי יי וחושבי שמו״,

מאי ולחושבי שמו, אמר רבי אמי אפילו חושב אדם לעשות מצוה ונאנס ולא עשאה מעלה עליו הכתוב כאילו עשאה.

ושם נאמר עוד אמר ר׳ אבא אמר ר׳ שמעון בן לקיש שני תלמידי חכמים המקשיבין זה לזה בהלכה הקב״ה שומע לקולן שנאמר ״היושבת בגנים חברים מקשיבין לקולך השמיעני״ (שה״ש ח׳ יג). ואם אין עושין כן גורמין לשכינה שתסתלק מישראל שנאמר ״ברח דודי״ וגו׳ (שם).

אמר ר׳ אבא אמר ר׳ שמעון בן לקיש שני תלמידי חכמים המדגלין זה לזה בהלכה הקב״ה אוהבן שנאמר ״ודגלו עלי אהבה״ (שם ב׳ ד׳). אל תקרא דגלו אלא דילוגו. אמר רבא והא דידעי צורתא דשמעתא והוא דלית להו רבא למיגמר מיניה.

ואמר ר׳ אבא אמר ר׳ שמעון בן לקיש אם ת״ח נחש הוא חגרהו על מתניך ואם עם הארץ חסיד הוא אל תדור בשכונתו. אלו הן המרגליות שאין להן ערך והמורות על שלימות אומרם ועל מעלתם:

J'ai appris grâce à ta bonne réputation que tu n'es pas ignorant de ce dont je parle. Cela est mentionné dans la *Guémara*, traité *Shabbath*, qui est un livre rempli de perles sans défaut. Au chapitre « *Bemah Ishah* », il est question de la manière dont deux érudits doivent se comporter l'un envers l'autre, selon les meilleures voies, telles que dérivées de certains versets interprétés là-bas[159].

Rabbi Yirmeyah a dit au nom de Rabbi Elazar que lorsque deux érudits se défient l'un l'autre dans la Halakah, le Saint, Béni soit-Il, leur assure le succès, comme il est écrit : « *Ta magnificence*[160] ! Triomphe, chevauche (*rakav*)[161] ». Et non seulement cela, mais ils accèdent également à la Grandeur (*Guedoulah*), puisqu' il est dit : « *rakav* » (chevauche). Peut-être même ne le font-ils pour l'amour du ciel, cela est indiqué par « *âl devar émeth* » (pour la parole de vérité). Peut-être même sont-ils sans arrogance, cela est indiqué par « *veâneva-tsédéq* » (et d'humilité de justice). S'ils agissent ainsi, ils méritent la *Torah* donnée par la Droite, comme il est dit : « *Elle t'enseigne les frayeurs de ta droite*[162] ».

Rav Naḥman bar Yitsḥaq a dit qu'ils méritent des choses dites de la Droite de la *Torah*, car Rava bar Rav Shéila a dit au nom de Rav Ḥouna, et certains disent que c'était Rav Yosséf bar Ḥama qui a dit au nom de Rav Shéshéth. Qu'est-ce que cela signifie, « *longueur de jours est dans sa droite, dans sa gauche richesse et honneur*[163] ». Est-ce à dire que si on tourne vers la droite, il y a longévité mais pas de richesse ni d'honneur ? Ou plutôt, ceux qui se tournent vers la droite auront longévité, et à fortiori richesse et honneur ; et ceux qui se tournent vers la gauche auront richesse et honneur, mais pas de longévité.

Rabbi Yirmeyah a dit au nom de Rabbi Shimon ben Laqish que lorsque deux érudits se reposent l'un sur l'autre dans la *Halakah*, le Saint, béni soit-Il, les écoute, comme il est dit : « *Alors ceux qui craignent Yhwh ont parlé l'un à l'autre, et Yhwh a été attentif et a entendu, et un livre de souvenir a été*

---

[159] Dans ce qui suit, Abraham Aboulâfia fait une longue citation de la section sur *Talmud Shabbath 63a*. Mais il ne le fait pas littéralement, sans doute de mémoire et en paraphrasant. La traduction suit le texte d'Aboulâfia, sans être rectifiée selon le texte original du *Talmud*.

[160] Hadarék'a [הֲדָרְךָ], « ta magnificence », peut aussi se lire « la voie » ou « la méthode ».

[161] Psaumes 45:5.

[162] Psaumes 45:5.

[163] Proverbes 3:16.

écrit devant Lui pour ceux qui révèrent Yhwh, et pour ceux qui comptent (pensent) Son Nom.[164] » « Parole » (*dibbour*) signifie un langage basse (en-dessous), comme il est dit : « *Il parle aux*[165] *peuples en-dessous de nous*[166] ». Et non seulement cela, mais leurs paroles sont écrites, comme il est dit : « *un livre de souvenir a été écrit devant Lui pour ceux qui révèrent Yhwh, et pour ceux qui calculent Son Nom.* »

Que signifie, « *et pour ceux qui comptent (pensent) Son Nom* » ? Rabbi Améi a répondu : même si une personne pense à faire une *mitsvah* et est empêchée de la faire, l'Écriture la considère faite [elle compte].

Il est encore dit plus loin :

Rabbi Abba a dit au nom de Rabbi Shimon ben Laqish : deux érudits qui sont attentifs l'un à l'autre dans la *Halakah*, le Saint, béni soit-Il, écoute leur voix, comme il est dit : « *Habitante des jardins, les compagnons sont attentifs à ta voix ! Fais que je l'entende !*[167] ». Et s'ils ne le font pas, ils causent le retrait de la *Shekhinah* du milieu d'Israël, comme il est dit : « *mon bien-aimé s'est retiré*[168] ».

Rabbi Abba a dit au nom de Rabbi Shimon ben Laqish : deux érudits qui se moquent l'un l'autre dans la *Halakah*, néanmoins, le Saint, Béni soit-Il, les aime, comme il est dit : « *sa bannière (diglo) sur moi, c'est l'amour.*[169] » Ne lis pas « diglo », mais « *dilougo* » (ils se moquent). Rava a dit : c'est à propos de ceux qui connaissent la forme de l'apprentissage, et cela concerne ceux qui n'ont pas de maître pour apprendre d'eux.

Rabbi Abba a dit au nom de Rabbi Shimon ben Laqish : si un érudit est un serpent, enroule-le à ta taille ; si un ignorant est pieux, ne demeure pas dans son voisinage.

Ce sont des perles qui n'ont pas de prix et qui témoignent de la perfection de leur dire et de leur grandeur.

---

[164] Malachie 3:16.

[165] Yadbér, signifie soumettre par la parole.

[166] Psaumes 47:4.

[167] Cantique des Cantiques 8:13.

[168] Cantique des Cantiques 5:6.

[169] Cantique des Cantiques 2:4.

X

וכמה מכיוצא בם באו מעורבים בתוך ספרייהם כולם, עד שיחדו למעלות המדות מסכתא שלימה והיא אבות. וחברו בה גם כן רבים מדרכי מעלות השכליות. וכבר זכרו שם, 'הוי מתלמידיו של אהרן אוהב שלום ורודף שלום אוהב את הבריות ומקרבן לתורה'. והכתוב אומר "שלום רב לאוהבי תורתך ואין למו מכשול" (תהלים קיט' קסה'). ונאמר "יי עז לעמו יתן יי יברך את עמו בשלום" (תהלים כח' ח'). זו מדת הצדיקים והחכמים והחסידים, אבל על הפכם נאמר "אין שלום (לרשעים) אמר יי [לרשעים]" (ישעיה מח' כב'). ובמדת השלמים בא שלום שנאמר "שלום שלום לרחוק ולקרוב" וגו' (שם נז' יט'). ונאמר בסוף ברכת כהנים 'וישם לך שלום', כי שלום שמו של הקב"ה שנא' "ויקרא לו יי שלום" (שופטים ו' כד'). ובאבות נאמר 'על שלשה דברים העולם עומד על הדין ועל האמת ועל השלום'. והן מדות האבות ומדות החכמים והנביאים כולם ע"ה. והיא מדת העליונים שנאמר "עשה שלום במרומיו" (איוב כה' ב'). ומדה כזו ראוי להמשך אחריה תמיד ולהדבק בה ולברוח מהפכה אע"פ שנאמר "עת שלום". ונאמר "שלום לך ושלום לעזרך כי עזרך (יי) אלהיך" (דה"א יב' יט'). "ואמרתם כה לחי ואתה שלום וביתך שלום וכל אשר לך שלום" (שמואל א' כה' ו'):

De nombreux thèmes similaires se retrouvent dans tous leurs écrits, jusqu'à la consécration d'un traité complet aux vertus morales, à savoir les « *Pirkéi Avoth* » (Les Maximes des Pères). Ils y ont aussi inclus de nombreuses voies des vertus intellectuelles. On y trouve cette maxime : « *Compte parmi les disciples d'Aaron : aime la paix et recherche-la sans cesse, aime les personnes et rapproche-les de la Torah*[170] ». Et l'Écriture dit : « *Grande est la paix de ceux qui aiment ta loi ; et pour eux il n'y a pas d'embûches*[171]. » Et il est dit : « *Yhwh donnera force à son peuple, Yhwh bénira son peuple par la paix*[172]. » Ceci est la qualité des justes, des sages, et des pieux, tandis que de leurs opposés, il est dit : « *Il n'y a pas de paix, dit Yhwh, pour les méchants*[173]. » La paix accompagne la *middah* des pacifiques, comme il est dit : « *Paix, paix à celui qui est loin et à celui qui est*

---

[170] Pirkéi Avoth 1:2.

[171] Psaumes 119:165.

[172] Psaumes 29:11.

[173] Ésaïe 48:22.

près, etc.[174] » Et il est dit à la fin de la « Bénédiction des Cohanim » : « *Et il mettra la paix pour toi[175]* », car la paix est le nom du Saint, béni soit-Il, comme il est dit : « *Et il appela cet endroit : Yhwh est paix[176]* ». Et dans *Pirkéi Avoth*, il est dit, « *Le monde repose sur trois choses : sur la justice, sur la vérité et sur la paix[177]* ». Ce sont des *middoth* des patriarches et des *middoth* des sages et des prophètes, que la paix soit sur eux. C'est la *middah* des êtres supérieurs, comme il est dit : « *Il fait la paix dans Ses hauteurs[178]* ». Une telle *middah* doit toujours être recherchée, embrassée, et son opposé évité, même s'il est dit : « *un temps pour la paix* ». Et il est dit : « *Paix à toi, et paix à ton aide, car ton aide vient de Yhwh, ton Dieu[179].* » « *Ainsi au Vivant ! À toi la paix, à ta maison, la paix ! À tout ce qui est à toi, la paix ![180]* »

ומה מועיל הלמוד לאדם אם אינו מתקן בו מדותיו תחילה שהן יסודות להנהגת הנפש. שהרי אי אפשר לשכל לשכון בארמון מכוער, והוא שאין מדותיו הגונות. וידוע כי המדות הטובות הן משכנות המחשבות השכליות. והמחשבות השלמות האמיתיות הן ארמונות השכל שבם יוצא ובא על דמות רצוא ושוב. ותשובתו הרמתה כי שם ביתו" (שמואל א' ז' יז'):

Quel est l'intérêt de l'étude pour une personne si elle ne rectifie pas d'abord ses traits de caractère, qui sont les fondations du comportement de l'âme ? En effet, la Sagesse ne peut résider dans un palais délabré, c'est-à-dire dans un caractère indigne. Il est reconnu que les bonnes qualités morales sont les demeures des pensées intellectuelles. Et les pensées complètes (pacifiques) et véridiques sont les Palais de la Sagesse, où elle va et vient, comme il est dit : « *Et il retourna à Rama, car là était sa demeure[181].* »

והנני מחבר אל מה שקדם ענין אחר מיוחד כולל ענינים רבים תחתיו. ואשימנו כדמות חותם לכל אגרתי זאת, והוא שכבר נודע שהשם החתום על הגאולה הוא שם:

---

[174] Ésaïe 57:19.
[175] Nombres 6:26.
[176] Juges 6:24.
[177] Pirkéi Avoth 1:2.
[178] Job 25:2.
[179] 1 Chroniques 12:18.
[180] 1 Samuel 25:6.
[181] 1 Samuel 7:17.

Je joins à ce qui a été précédemment abordé un autre sujet distinct, comprenant de nombreuses implications sous-jacentes. Je l'établirai comme un sceau pour toute cette lettre. Il est déjà reconnu que le Nom qui scelle la Rédemption est le nom :

אֶהְיֶה אֲשֶׁר אֶהְיֶה

Éhyéh ashér Éhyéh

(« *Je serai qui Je serai*[182] »)

יתברך ויתעלה שמו של מלך מלכי המלכים הקב"ה אשר הודיענו סוד שמו הנכבד והנורא כדי לברכנו בו על ידי הכהנים שהם ראשי השבט הנבחר מכל השבטים. וגלה לנו הסוד ואמר "ושמו את שמי על בני ישראל ואני אברכם" (במדבר ו' כז'). והורנו הברכה ואמתתה ומהותה וכמותה ואיכותה וסגולותיה וחקותיה והזכרותיה וחלוקיה, להיות נאמרת בשם י"ב במקדש ככתבו ובמדינה בכינויו. והנה ברכת כהנים בגימטריא מדת הרחמים. והיא מקבצת מיניה והיא כמפזרת הכחות הנבראים שהם כחות מזגי החומר:

Béni et exalté soit le Nom du Roi des rois, le Saint, béni soit-Il, qui a révélé le secret de Son nom glorieux et redoutable, pour nous bénir à travers les Prêtres (*Cohanim*), choisis parmi toutes les tribus. Il a dévoilé ce secret en disant : « *Ils placeront Mon Nom sur les enfants d'Israël, et Moi, Je les bénirai*[183]. » Il nous a enseigné la bénédiction, sa vérité, son essence, sa quantité, sa qualité, ses vertus, ses lois, ses évocations et ses divisions, à prononcer dans le Temple avec Son Nom de douze lettres et dans la ville avec son équivalent. Ainsi, la « *Birkath Cohanim* » (Bénédiction des Prêtres) correspond à la « *Middath haRaḥamim* » (Attribut de la Miséricorde) en *guimatria*[184]. Elle rassemble ses propres catégories et disperse les forces créées, qui sont les forces des qualités matérielles.

ותחת זו הידיעה המופלאה, שרשום שהם כבשונו של עולם, חייב המקובל השלם מצד היותו חס על כבוד קונו להסתירם ולהעלימם ממי שאינו ראוי לדעתם, ושם בן מ"ב אותיות מגלה זאת. והנה ימצא מספר אותיות ברכת כהנים ס', ותיבות י"ה ובם

---

[182] Exode 3:14.

[183] Nombres 6:27.

[184] *Birkath Cohanim* [בְּרְכַּת כֹּהֲנִים] = 747 = *Middath haRaḥamim* [מִדַּת הָרַחֲמִים].

יתגלה הסוד של הברכה המשולשת מדרך שלש, כ"ה תברכו שכפלו נ' והוא סוד
כה"ן וסוד אמור 'להם' רמז כהן רמז 'הסוד'. והנה מנין האותיות הפסוק הא' הוא י"ה.
והב' הוא הי"ה. והג' הוא יה"י. הוא העצמו כ"ה של כ' הוא אמצעי של י"ה הוא חסר
ה' של כה הוא הנוסף. הנה סוד זה הוא סימן שמות שווי מגרעת ותוספות:

Dans cette connaissance merveilleuse, considérée comme
le trésor caché du monde, un kabbaliste accompli, par respect
pour la Gloire de son Créateur, doit garder ces connaissances
secrètes et cachées de ceux qui ne sont pas dignes de les
connaître. Le Nom de 42 lettres révèle ceci. Le nombre de
lettres dans la « *Bénédiction des Cohanim*[185] » est 60, avec 15
mots à travers lesquels le secret de la bénédiction en trois
parties est révélé en triple répétition : « *'ko'*[186] *tevarékou* »
(« *Ainsi vous bénirez*[187] ») se multipliant pour faire 50[188]. C'est le
secret du « *cohen* » (prêtre), le secret de « *lahém* » (à eux)
allusion au prêtre et à « *ha-sod* » (le secret)[189]. Le compte des
lettres dans le premier verset[190] est 15 (*Yah*), dans le deuxième
20 (*Hyh*), et dans le troisième 25 (*Yhy*). Cela représente le
chiffre 25, où 20 est médian, 15 manquant et 5 de 25 est ajouté.
Voici, ce secret est une indication des Noms, un équilibre
entre les manques et les ajouts.

וזו הדרך אין למעלה הימנה. ואם תאמר הנה הטוב יהפך בדרך זו לרע והשקר לאמת
וכן החלוף. דע כי זאת היא הכונה במדות, שזאת המחשבה תאמר הן והיא מדת
הרחמים וזאת תאמר לאו והיא מדת הדין. ודבר הנוצח מהם יקויים. וזהו מה
שבאמצע קרית (קריאת) שמע, אשר בין שני שמות הקדש, ואע"פ הסוף אחד והוא
חצי השם המפורש. וכן סוד אשר בין שני השמות הנזכרים הוא שני מלאכים שהם
עצמים אמצעים בין שתי הויות ראשונות שהם דבר אחד. רק מספר שלשת התיבות
הוא א"כ א"ך א"כ והבן זה ודעהו. והסתכל בו מאד:

Cette méthode est la plus élevée. Si tu penses que le bien
peut se transformer en mal par cette voie, et le faux en vrai, et
vice versa, sache que cela dépend de l'Intention (*Kavanah*)
[que l'on place] dans les *Middoth*. Une pensée peut dire « oui »

---

[185] Nombres 6:24,25,26. יְבָרֶכְךָ יְהֹוָה וְיִשְׁמְרֶךָ: יָאֵר יְהֹוָה פָּנָיו אֵלֶיךָ וִיחֻנֶּךָּ: יִשָּׂא יְהֹוָה פָּנָיו אֵלֶיךָ וְיָשֵׂם
לְךָ שָׁלוֹם:

[186] *Ko* [כֹּה] (ainsi) = 25 x3, soit 60 + 15 = 75.

[187] Nombres 6:23.

[188] 50 = 2 x 15 (*Ko* [כֹּה]).

[189] *Cohén* [כֹהֵן] = 75 = *Lahém* [לָהֶם] = *Ha-Sod* [הַסּוֹד].

[190] Nombres 6:24.

et c'est la *Middah* de la Miséricorde, et une autre peut dire « non » et c'est la *Middah* du Jugement. Ce qui émerge de leur interaction prévaudra. C'est ce qui se trouve au cœur de la récitation du *Shémâ*, entre les deux Noms saints, bien que la fin soit « un » (*éħad*) et c'est la moitié du *Shém haMeforash*[191]. De même, le secret entre ces deux Noms évoqués concerne deux anges, intermédiaires entre les deux premières existences (*havayoth*) qui ne sont en réalité qu'une (*éħad*). Le compte des trois mots est donc : 21-501-21 [א״כ א״ך א״כ][192]. Comprends cela et sache-le. Et considère-le attentivement.

וזהו סוד שם בן י״ב אותיות:

Ceci est le secret du Nom de 12 lettres :

יה יה יה וה וה וה

Yah Yah Yah Yah Yah Yah

מגולגל ומצורף ומנוקד ומוטעם בנשימותיו השלש וזהו ראש וסוף של שם בן מ״ב אותיות:

Tourné, combiné, vocalisé et imprégné de ses trois respirations : ceci est le début et la fin du Nom de quarante-deux lettres :

אב״ג ית״ץ שק״ו צי״ת

ABéG YeTaTs SheQOu TseYaTh

וזהו ראש ותוך וסוף של שם בן ע״ב הפוכים:

Ceci est le début, le milieu et la fin du Nom en 72 inversés :

מו״מ אנ״י וה״ו מנ״ד

Moum – Ani – Vehou – Menad

ודע באמת שהמדות מתהפכות לקיצים ידועים בלי שנוי ותמורה מפני הנהגת הנבראים. והשנוי הוא לנפעל לא לפועל מצד הכרח ענין הנמצאים. וזאת היתה כונת

---

191 *Éħad* [אחד] = 13 x 2 = 26 = *Yhwh* [יהוה].

192 Il s'agit des valeurs numériques des trois mots de *Éhyéh ashér Éhyéh* [אֶהְיֶה אֲשֶׁר אֶהְיֶה]. Cette façon d'écrire les valeurs [א״כ א״ך], utilise les mêmes lettres pour écrire 21 et 501, en jouant sur la valeur du kaf final.

החותם כדי להפך המדות שנמשכו ביניכם ממלחמה לשלום בכונה אחת מושכלת ומקובלת. וזה החבור הקטן הראהו בחסדך לרב הידוע ששמו בגמטריא חכ״ם. ואחריו הראהו למי שתדע שראוי לו כדי שיועיל ממנו רואהו וישמח בו המשכיל והיה זה שלום:

Sache vraiment que les attributs (*middoth*) se transforment en extrêmes fixes sans changement ni altération, selon la gouvernance des créatures. Le changement affecte l'effet, non la cause, du fait de la nature nécessaire des existants. C'était l'Intention du Sceau, de transformer les attributs (*middoth*) transmis de la guerre en paix, par une Intention (*Kavanah*) unique, intellectuelle et kabbalistique. Montre cette petite compilation dans ta bonté au Rav renommé dont le nom, en *guimatrie*, est « Ḥakam[193] » (Sage). Ensuite, révèle-la à celui que tu jugeras apte à en bénéficier, pour que le sage se réjouisse de sa découverte, et cela sera pour la paix.

״שמר תם וראה ישר כי אחרית לאיש שלום״ (תהלים לז׳ לז׳). ״וענוים יירשו ארץ והתענגו על רב שלום״ (תהלים לז׳ י׳):

« *Observe l'intégrité, regarde celui qui est droit : il y a un avenir pour l'homme de paix[194].* »

« *Encore un peu de temps, et le méchant ne sera plus ; et tu considéreras son lieu, et il n'y sera plus[195].* »

---

[193] Ḥakam [חָכָם] = 67.
[194] Psaumes 37:37.
[195] Psaumes 37:10.

ET CELLE-CI POUR JUDAH

Vezoth liYehoudah

וְזֹאת לִיהוּדָה

PRÉSENTATION

La lettre intitulée « *Ve-zoth li-Yehoudah* » est une œuvre de la main d'Abraham Aboulâfia. Rédigée en Sicile, après son exil sur l'île de Comino, donc après 1289, cette lettre est adressée à un disciple nommé Yehoudah, surnommé « Salomon », probablement basé à Barcelone. Dans cette correspondance, le Rabsa[196] dépeint un processus de méditation et de prière minutieusement conçu pour guider le pratiquant vers un état de conscience supérieure, souvent décrit comme un « éveil » ou une « illumination ».

La spécificité de cette lettre réside dans la manière dont le Rabsa articule ses méthodes de méditation, mêlant profondeur philosophique et explications mystiques. Le texte offre un aperçu de la pratique méditative et spirituelle qu'il préconise, mettant l'accent sur la réflexion intérieure et la quête de la connaissance divine.

Le Rabsa écrit cette lettre dans un contexte personnel et historique complexe. Le destinataire, Yehoudah, est lié à Salomon ibn Adrét, un éminent rabbin et détracteur d'Aboulâfia, qui a joué un rôle clé dans son exil. Les allusions à ces tensions et conflits idéologiques transparaissent tout au long du texte, conférant à la lettre une dimension à la fois didactique et politique.

Le Rabsa intitule sa lettre en s'inspirant de la formule du *Livre du Deutéronome*[197] : « *'Et celle pour Yehoudah' (Ve-Zoth li-Yehoudah). Il dit : Entends, Yhwh, la voix de Yedoudah, fais-le*

---

[196] **Rabbi Abraham Ben Samuel Aboulâfia.**
[197] Deutéronome 33:7.

revenir vers son peuple. Ses mains combattent pour lui, sois secours contre ses assaillants. »

« *Ve-zoth li-Yehoudah* » se présente non seulement comme un guide de méditation, mais aussi comme un document révélant les luttes intellectuelles et spirituelles d'Abraham Aboulâfia, marquant un jalon important dans l'histoire de la pensée kabbalistique.

La première partie de la lettre d'Abraham Aboulâfia à son disciple Yehoudah commence par souligner la distinction entre la Kabbale et d'autres formes de connaissances juives, indiquant que la Kabbale est cachée à beaucoup et divisée en deux parties principales : la connaissance des dix *Sefiroth* et la connaissance des Noms divins.

Il explique que la compréhension des *sefiroth* précède celle des Noms divins, chaque *sefirah* ayant un nom et une qualité spécifique qui la relie à l'aspect divin qu'elle représente. Il relève que la première *sefirah*, « *Kéter Éliyon* » ou « Couronne Suprême », symbolise la plus haute Essence divine et est suivie par d'autres *sefiroth* qui contribuent à un chemin ascendant de développement spirituel.

L'accent est mis sur la nature profonde et mystérieuse de la Kabbale, qui nécessite une réception et une compréhension traditionnelles, et les différentes manières dont la révélation et la connaissance spirituelles se manifestent, allant de la compréhension intellectuelle à l'expérience directe de la vérité divine. Enfin, le Rabsa souligne que l'être humain a été créé à l'image de Dieu, ce qui implique une ressemblance fondamentale entre l'humain et le divin, et le chemin spirituel est un reflet ou une participation à la Nature divine elle-même.

I

נֿ מֿ תֿ עֿ לֿ הֿ וֿלֿ יֿ

אגרת ששלח ר׳ אברהם אבולעפיא לר׳ יהודה המכונה שלמון:

Épître envoyée par Rabbi Abraham Aboulâfia à Rabbi Yehoudah, dit Salomon.

אהבת צדק ותשנא רשע, על-כן משחך אלהים אלהיך שמן ששון מחבריך.

« Tu aimes la justice et tu hais le mal, c'est pourquoi, Élohim, ton Dieu, t'a oint d'une huile d'allégresse parmi tes compagnons[198] *».*

צדיק לעולם בל-ימוט; ורשעים, לא ישכנו-ארץ.

« Le juste ne sera jamais ébranlé, mais les méchants n'habiteront pas le pays[199] *».*

צדיק ורע לו רשע וטוב לו, רשע ורע לו צדיק וטוב לו.

Juste et mauvais pour lui, méchant et bon pour lui, méchant et mauvais pour lui, juste et bon pour lui[200].

---

[198] Psaumes 45:8.

[199] Proverbes 10:30.

[200] Il s'agit d'une adaptation de la phrase du *Talmud Berakoth 7a* : « *Le juste qui souffre est un juste, fils d'un méchant. Le méchant qui prospère est un méchant, fils d'un juste. Le méchant qui souffre est un méchant, fils d'un méchant* » [צַדִּיק וְרַע לוֹ צַדִּיק בֶּן רָשָׁע. רָשָׁע וְטוֹב לוֹ רָשָׁע בֶּן צַדִּיק. רָשָׁע וְרַע לוֹ רָשָׁע בֶּן רָשָׁע]. Dans *Berakoth,* elle est utilisée dans le cadre d'une discussion sur la justice divine et la façon dont elle s'applique aux justes et aux méchants.

עיני נגרה ולא תדמה מאין הפוגות עד ישקיף וירא ה׳ משמים, עיני עוללה לנפשי מכל בנות עירי, צוד צדוני כצפור אויבי חנם, צמתו בבור חיי וידו אבן ב״י, צפו מים על ראשי, אמרת נגזרתי, קראתי שמך מבור תחתיות, קולי שמעת, אל תעלם אזנך לרוחתי לשועתי, קרבת ביום אקראך אמרת אל תירא, רבת ה׳ ריבי נפשי גאלת חיי, ראית ה׳ עיתותי, שפטה משפטי, ראית כל נקמתם כל מחשבותם לי:

« *Mon œil ruisselle, il ne cesse pas, faute de répit, jusqu'à ce que Yhwh regarde et voie des cieux. Mon œil afflige mon âme à cause de toutes les filles de ma ville. Ceux qui sont mes ennemis sans cause m'ont donné la chasse comme à l'oiseau. Ils ont confiné ma vie dans une fosse, et ont jeté des pierres sur moi. Les eaux ont reflué par-dessus ma tête ; j'ai dit : Je suis retranché ! J'ai invoqué ton nom, Yhwh ! de la fosse des abîmes. Tu as entendu ma voix ; ne soustrais pas ton oreille à mon soupir, à mon cri. Tu t'es approché au jour que je t'ai invoqué ; tu as dit : Ne crains pas. Adonaï, tu as pris en main la cause de mon âme, tu as racheté ma vie. Tu as vu, Yhwh, le tort qu'on me fait ; juge ma cause. Tu as vu toute leur vengeance, toutes leurs pensées contre moi. Tu as entendu leurs outrages, Yhwh ! toutes leurs pensées contre moi*[201]. »

---

[201] Lamentations 3:49-61.

II

Chacun des prophètes, ainsi que les anciens sages parmi les peuples de la terre, ont aspiré à comprendre la grandeur de « l'Échelle » (*Soulam*), depuis le moindre jusqu'au plus éminent. Avec la force et la capacité qui leur étaient propres, ils ont élevé leur voix, exprimant et composant des louanges en l'honneur de leur Dispensateur de grâces, tout en restant scrupuleusement dans les limites de leur entendement. Parmi eux, certains ont perçu l'Échelle de loin, d'autres de plus près, et il y en a pour qui le *Soulam* (Échelle) est resté entièrement voilé, dissimulé de l'œil de leur cœur[202].

Certains parmi eux ont atteint le Vestibule du Palais, alors que d'autres, issus du commun des mortels, ont été écartés de cette aura protectrice, créés et destinés à servir les créatures. Avançant dans l'ignorance et l'incompréhension, ils erraient dans l'obscurité, s'appuyant sur les enseignements des anciens, et suivant aveuglément leur savoir limité. Leur renom est donc futile pour ceux qui ont une connaissance semblable

---

[202] La phrase finale suggère que la véritable compréhension nécessite plus qu'une simple perception intellectuelle ; elle doit être vue avec le « cœur ».

à celle des femmes ou pour les habitants des confins du monde, tels les Togarmiens et les Koushites, dont les pensées sont dictées par des hommes mortels et transitoires, révélant le secret des combinaisons (*tséiroufim*) distinctes et partagées. Ils se trouvent sur un échelon de l'Échelle précédemment mentionnée, visible pour les sages, au-delà de la condition des singes, mais en deçà de celle des hommes qui observent travers la fenêtre.

ואם הם הנחשים השרפים, עם אנשי החסד נאספים, וחכמי הכדורים, הם מורים, הדרכים הישרים, לגמלים ולחמרים, ואיה יתגלה ענין הטבור, אשר הוא יסוד לכל הצבור, להבדיל לכם הדיבור, בין עם הארץ ובין הבור, ויובן למשכיל סוד אמתת העבור, שבין הפרידה והחבור, וישיגו השלמים אם הנפשות הנפרדות רבות או אחת, ואם הנפרדת תנצל או תרד לבאר שחת, או אם תשאר באחת, הבורות, לדורי הדורות, או תשוב להיות לפני התחיה הכללית, או תתגלגל פעמים שלש כדמות לילית.

S'ils sont ces serpents de feu, rassemblés avec les hommes de la Bienveillance (*Ḥesséd*), et que les sages des orbes célestes les instruisent, ils tracent le chemin droit, aussi bien pour les chameaux que pour les ânes. Et où se dévoilera le secret du Nombril (*Tabour*), pilier de toute la Communauté (*Tsabour*), afin de distinguer, dans nos paroles, entre le commun des mortels et l'abîme. Que le sage comprenne le mystère profond de la transition (*îbbour*), entre la dissociation et l'union, et que les êtres accomplis discernent si les âmes séparées sont multiples ou uniques. Si l'âme isolée sera sauvée ou plongera dans le gouffre, ou si elle persistera dans l'une de ces fosses à travers les âges, ou si elle sera appelée à la résurrection universelle, ou encore si elle traversera à trois reprises l'image de la nuit.

ואמנם בעלי הקבלה, היודעים סוד היבום מעניין יהודה ותמר כלתו עם ער ואונן ושילה, ומעניין אלימלך ונעמי ומחלון וכליון ובועז ורות וסוד יולד בן לנעמי והדומה לו, כעניין ויתעבר במשה בסוד הבל הם היודעים סוד הסולם, יותר מכולם, וכולם עם דעתם סתרי השמות והחותמת עם הספירות,

En effet, les initiés à la Kabbale, maîtres du secret du Lévirat dans l'histoire de Judah et de Tamar, son épouse, avec Êr, Onan et Shilah, de même que dans le récit d'Élimelekh, Naômi, Maḥlon, Kilyon, Boaz et Ruth, et le mystère d'un fils né pour Naômi, et son analogue, comme dans le cas de la conception de Moïse avec le secret d'Abel, sont ceux qui comprennent le plus profondément le secret de l'Échelle, surpassant tous les autres en cette connaissance. Ils *détiennent* aussi les clés des secrets des Noms, des Sceaux et des *Sefiroth*.

ידוע כי המורגשות והמושכלות הן ידועות ומהן מביאין החכמים הקדמות, להוליד המופת בצורות קיום לאמת כל ראיה והיקש, והמושכל כולל בתחלת הוויות עשר ספירות החשבון מפני שהם ראשית כל המושכלות הנולדות מהמחשבה השכלית, והמורגש כולל בתחלת הוויתו חמשה מיני השגה חושית, ויהי' אחד המורגש והמושכל שני ענינים שהם ראוי' להאמין לפי מינם והם המקובל והמפורסם,

Il est reconnu que les réalités Sensibles (*Mourgashoth*) et les réalités Intellectuelles (*Mouskaloth*) sont toutes deux discernables. Les sages s'appuient sur ces dernières pour établir des preuves et manifester des merveilles qui valident la vérité de chaque observation et de chaque raisonnement. Dans le domaine de l'Intellectuel (*Mouskal*), au commencement de son être, se trouvent les dix *Sefiroth* énumérées, car elles sont la source de toutes les réalités Intellectuelles nées de la pensée rationnelle. Quant au Sensible (*Mourgash*), il inclut dès l'origine de son être cinq types de perception sensorielle. Ainsi, il y a une réalité qui est à la fois Sensible (*Mourgash*) et Intellectuelle (*Mouskal*), deux domaines dignes de foi en raison de leur nature respective, connus sous les noms de « Reçu » (*meqoubal*) et de « Prouvé » (*mefourssam*).

אבל מפני חלשתם אין בהם כח להיות הקדמות ההיקש, ולפיכך לא תוליד מהם הקדמה מופתית, ואמנם הם בעצמם אינם צריכין לאמתם בראייה, והמפורסם ידוע לכל לפי התחלפות אנשי הפרסום וע"כ לא אאריך בשלשת הנזכרים והם המורגש והמושכל והמפורסם, אבל אזכר מעט במקובל לבד וזה מפני שהמקובל נחלק לחלקים רבים, ומפני שעיקר אמונתנו נשרש בקבלה ובשמועה אזכרם ואדבר בם אחרי דברי במהות כל קבלה בכלל

Cependant, en raison de leur faiblesse, ils ne possèdent pas la capacité de constituer des preuves argumentatives, et par conséquent, ils ne peuvent engendrer aucune preuve prodigieuse. En réalité, ils ne nécessitent pas de validation par l'observation pour leur propre vérité. Le « Prouvé » est évident pour tous, variant avec le changement des preuves humaines. Par conséquent, je ne m'attarderai pas sur les trois susmentionnés, à savoir le Sensible, l'Intellectuel et le Prouvé. Toutefois, je parlerai brièvement du « Reçu » en particulier, car le Reçu se divise en de nombreuses parties, et comme l'essence de notre foi est enracinée dans la Kabbale (Réception) et dans l'Audition, je les évoquerai et discuterai d'eux après avoir abordé la nature de la Kabbale dans son ensemble.

ואומר כי שם דבר הנקרא קבלה בכלל דומה לשם דבר הנקרא שמועה ולשם דבר הנקרא הבנה ר"ל כי כמו שהשמועה וההבנה צריכה אל נושאים כן הקבלה צריכה אל נושא אחד או רבים, וכמו שהנושאים השמועה וההבנה הם גופים כן נושאי הקבלה הם גופים,

Je dirais que le terme « Kabbale » se rapproche globalement des termes « Audition » et « Compréhension ». Autrement dit, tout comme l'Audition et la Compréhension requièrent des sujets, de même la Kabbale exige-t-elle un ou plusieurs sujets. Et tout comme les sujets de l'Audition et de la Compréhension sont matériels, de même les sujets de la Kabbale sont-ils corporels.

וכמו שהגופים מתחלפים בעניניהם מצד מהותם ומצד מקריהם כן המקבלים קבלות מתחלפות במהותם ובמקריהם, אמנם אין לי צורך להאריך פה בענין הדברים המקבלים כל קבול כי אם בקבול אנשי תורה שקבלוה המקובלים מאומתינו בלבד שמצד אותו הקבול נקראים בעלי הקבלה,

Tout comme les corps évoluent dans leurs caractéristiques selon leur nature et leurs circonstances, de même les récipiendaires de la Kabbale varient en essence et en circonstances. Cependant, il n'est pas nécessaire ici de détailler les aspects divers que chaque kabbaliste reçoit, mais plutôt de se concentrer sur la transmission de la *Torah*, qui a été exclusivement reçue par les kabbalistes de notre peuple. C'est cette réception spécifique qui les désigne comme les « Maîtres de la Kabbale » (*Baâléi haQabalah*).

ואומר כי הקבלה הזאת הנעלמת מהמון הרבנים המתעסקים בחכמת התלמוד נחלקת תחלה לשני חלקים בכלל, והם חלקי דעות השם על דרך עשר ספירות הנקראות נְטיעוֹת אשר המפריד ביניהם מקצץ בנטיעות והם המגלים סוד הייחוד וחלק ידיעות השם על דרך כ"ב אותיות אשר מהם ומנקודותיהם ומטעמיהם הורכבו השמות וההחותמת והם המדברים עם הנביאים בחלומות ובאורים ותומים וברוח הקודש ובנבואות,

Je souligne que cette Kabbale, restant cachée à de nombreux rabbins engagés dans l'étude de la Sagesse du *Talmud*, se divise initialement en deux parties essentielles. La première concerne les aspects du Nom selon la méthode des dix *Sefiroth*, désignées comme « plantations » (*netiôth*), et il est dit que celui qui les distingue inadéquatement « *coupe les plantations*[203] ». Celles-ci dévoilent le secret de l'Unité. La seconde partie concerne la connaissance du Nom selon la méthode des vingt-deux lettres, d'où sont formés les Noms et les Sceaux, en utilisant leurs points et leurs accents. Ces éléments s'adressent aux prophètes à travers les rêves, les *Ourim* et *Toummim*, le Saint-Esprit (*Rouah haQodésh*) et les prophéties.

ושני החלקים האלה אינם מורגשים ולא מושכלים ראשונים ולא מפורסמים וע"כ הם נעלמים מרוב החכמים, ואמנם ידיעות השם מצד פעולותיו אינה מעניין הקבלה והיא צריכה אל חכמת המחקר אשר אין דברי פה לפי דרכיהם של החכמים ההם הנקראים פילוסופים חכמי המחקר, והקבלה הזאת כולה נכללת בספר יצירה,

Ces deux parties ne sont ni directement perceptibles, ni immédiatement intelligibles, ni largement reconnues, et c'est pourquoi elles demeurent inconnues de la majorité des sages. Toutefois, la connaissance du Nom à travers ses actes ne relève pas du domaine de la Kabbale, mais nécessite plutôt une approche d'investigation, distincte des méthodes utilisées par ces savants nommés philosophes ou chercheurs. L'ensemble de cette Kabbale se trouve encapsulé dans le *Séfer Yetsirah* (Livre de la Formation).

ואני קבלתי פירושיו משנים עשר מפרשים לפי ספריהם, והם וקצתם מורים בקצתם הקבלה וקצתם בכולה, והשלם שבהם אשר הורה בכולם ידוע, והקרוב לו המורה במקצתה, והחסר שבם פירשו לפי דעת החוקרים, וידוע שכל הנמשך אחר דעת החוקרים ירצה להפך כוונתו זאת ויקרא את השלם אצלו חסר מכולם ואת החסר שלם מכולם ויהיה האמצע בינוני לשני הדעות, והמקובל ירצה לאמת ולקיים דעתו כמו שזכרתיה,

J'ai acquis l'interprétation de celui-ci auprès de douze commentateurs, à travers leurs ouvrages. Certains d'entre eux

---

[203] Il s'agit d'une référence à *Ahér* dans l'épisode du Pardès relaté dans le *Talmud Haguigah* 14b : « *Aher coupa les plants. Rabbi Aqiva s'en sortit sain et sauf.* »

enseignent une partie de la Kabbale, d'autres l'ensemble. Le plus éminent, qui instruit sur tous les aspects, est bien reconnu. Celui qui se rapproche de lui enseigne une portion de celle-ci. Le moins qualifié l'interprète selon l'approche des chercheurs. Il est reconnu que ceux qui adhèrent à la vision des chercheurs tendent à inverser cette perception, considérant le plus qualifié comme le moins compétent de tous, et le moins compétent comme le plus accompli. Le « *beinoni* » (intermédiaire) se positionnera entre ces deux perspectives. Le kabbaliste cherche à valider et à soutenir sa propre connaissance, comme je l'ai évoqué précédemment.

ואין ספק כי החלק הראשון קודם במציאת זמן הלימוד בקבלה לחלק השני והשני קודם במעלה מן הראשון, כי היא תכלית בבריאת אישים מן האדם, והמגיע אליו הוא אשר יצא שכלו לפועל לבדו והוא אשר נגלה עליו אדון הכל וגלה לו סודו, אבל הראשונים כולם מן המקובלים הנזכרים נקראים נביאים לעצמם

Il est indéniable que la première partie précède la seconde en matière de temps d'apprentissage en Kabbale, tandis que la seconde est supérieure en grade à la première, car elle représente le but ultime de la Création d'êtres humains issus d'Adam. Celui qui y parvient est celui dont l'intellect fonctionne de manière autonome. C'est à lui que le Maître de Tout se manifeste, révélant Son secret. Cependant, tous les premiers kabbalistes mentionnés sont considérés comme des prophètes à part entière.

וישתתפו עמם יודעי השם מצד פעולותם קצת שיתוף בזה השם, הנקראים נביאים מזה הצד הם המדברים בלבם במחשבותיהם הרבות המתחלפות ונושאים ונותנים בינם לבין עצמם בלבד ואור השם מאיר להם על קצת מחשבותיהם בקצת עתות המחשבה אור קטן והם מכירים בעצמם שזה האור הוא מזולתם אך אין דבור בא להם שיכירוה (הוא) שהוא דבור כי אם אור,

Et ceux qui connaissent le Nom à travers ses actes participent quelque peu à ce Nom. Ils sont désignés comme des prophètes dans ce contexte. Ils sont ceux qui conversent dans leur cœur par le biais de leurs pensées changeantes, échangeant seulement en eux-mêmes. La lumière du Nom éclaire parfois légèrement leurs pensées durant certains moments de réflexion, tel un faible éclat. Ils reconnaissent par eux-mêmes que cette lumière vient d'ailleurs, mais aucune parole ne leur est transmise pour qu'ils puissent l'identifier comme telle, elle se manifeste seulement sous forme de lumière.

אבל השנים הם כולם נביאים שמתחילין לאור באור החיים ומשם מתעלים מאור לאור מתוך משא ומתן של מחשבותיהם המורכבות והמתוקות מן השיתוף והמתקרבות מתוך ריבוי הזכות אל הייחוס עד שוב דבורם הפנימי דבוק אל דבור שהוא מעין כל הדבור ומתעלים עוד מדבור אל דבור עד שהדבור האנושי הפנימי כח בעצמו ומכין עצמו לקבל דבור אלוק' בין מצד ציורו של הדבור בין מצד הדבור בעצמו ואלה הם הנביאים באמת במשפט ובצדקה,

Mais ces deux sont tous deux prophètes qui commencent par s'éclairer avec la Lumière de la Vie, puis s'élèvent de lumière en lumière à travers l'échange de leurs pensées complexes et enrichies par le partage. Ils se rapprochent de l'affiliation par l'augmentation de la pureté, jusqu'à ce que leur discours intérieur se lie au *Dibbour* (Discours), qui est la source de tout discours. Ils s'élèvent encore de discours en discours, jusqu'à ce que le discours humain intérieur devienne une force autonome, se préparant à recevoir le *Dibbour* divin, que ce soit à travers la forme du *dibbour* ou le *Dibbour* lui-même. Ce sont les véritables prophètes, agissant en Équité et en Justice.

א"כ קבלת עשר ספירות ועניינו קודמת לקבלת עוד ידיעות השמות ולא יתהפך זה, אלא אם יאמר אומר כי הספירות בעלי השמות שבהם נבדלות זו מזו, כי זה אינו כוונת בעלי השמות ואדוני החכמות, וזה כי בעלי הספירות יקרא להם שמות

Ainsi, la Kabbale des dix *Sefiroth* et de leur essence précède la réception d'autres connaissances des Noms. Cet ordre ne doit pas être inversé, sauf si l'on affirme que les *Sefiroth* sont des *Baâléi haShemoth* (Maîtres des Noms) qui les distinguent les unes des autres. Cependant, cela ne correspond pas à l'intention des *Baâléi haShemoth* ni des Maîtres de la Sagesse. Car ce sont les *Baâléi Sefiroth* (Maîtres des Sefiroth) qui attribuent les Noms.

ויאמר כי הספירה הראשונה שמה מחשבה ויוסיף לה שם לבאר עניינה ויקראוה כתר עליון מצד היות הכתר דבר מונח בראשי המלכים שהראש דומה בכלל הגוף למגדל הגבוה בכל העיר אשר בתוכו היכל המלך והוא מקום שכינתו והכתר אינו ממין הראש אבל הוא מקף כולה מלמעלה ועצם הראש מתעלם בתוכו ככה מחשבה מורה

מעלת העצם האלהי והכנתו והעצם מסתתר בתוכה על דרך משל שאין שם תוך ולא
חוץ ולא פנים,

Il est dit que la première *Sefirah* est nommée *Maḥshavah* (Pensée), et son nom est enrichi pour préciser son concept, en l'appelant *Kétér Êliyon* (Couronne Suprême), car la couronne est un objet placé sur la tête des rois. La tête est semblable, dans le corps, à la plus haute tour d'une ville, où se trouve le Palais royal, le lieu de Sa *Shekhinah*. La couronne n'est pas de la même nature que la tête, mais elle l'encercle complètement par le haut, et l'essence même de la tête est cachée en elle. De même, *Maḥshavah* (Pensée) symbolise la prééminence de l'Essence Divine et son Intention (*Kavanah*). Cette essence est métaphoriquement voilée, là où il n'existe ni intérieur, ni extérieur, ni face.

ויוסיף לה שם ביאור ויקראנה עוד אויר קדמון וענינו מבואר יותר מענין כתר, ככה
יעשה לכל ספירה וספירה מעשר ספירות בלימה, ובעל השמות כוונתו כוונה אחרת
מעולה מזאת מאד מאד ואינה, ועמקת דרך זו של שמות היא עמקה שאין בכל עמקי
מחשבות האדם עמוקה ומעולה ממנה והיא לבדה משתתפת המחשבה האנושית עם
האלוקית לפי יכולת האנושית ולפי מה שהאדם מוטבע עליו,

Un nom explicatif sera également ajouté, le désignant sous le terme *Avir Qadmon* (Air Primordial). Ce concept est plus clairement défini que celui de *Kéter*. Cette méthode sera appliquée à chaque *Sefirah* parmi les dix *Sefiroth-belimah*. Le *Baâl haShémoth* (Maître des Noms) oriente son intention (*Kavanah*) de manière plus élevée et plus profonde que cela. La profondeur de cette approche des Noms est si abyssale qu'elle dépasse toutes les profondeurs des pensées humaines en sublimité. Elle seule permet une fusion entre la pensée humaine et la divine, selon la capacité humaine et sa nature intrinsèque.

וידוע שמחשבת האדם היא סבת חכמתו וחכמתו היא סבת בינתו ובינתו סבת חסדו
וחסדו סבת יראת קונו ופחדו סבת תפארתו ותפארתו סבת נצחונו ונצחונו סבת הודו
והודו סבת עצמו ועצמו סבת מלכותו הנקרא בלתו ב"שכ"מל"ו, ומאוד עמקו
מחשבות השם אשר יצר את האדם בצלמו בצלם דמות תבניתו:

Il est reconnu que la pensée humaine est la cause de sa Sagesse, et Sagesse (*Ḥokhmah*) est la cause de sa

Compréhension (*Binah*), sa Compréhension est la cause de sa Bonté (*Ḥesséd*), sa Bonté (*Ḥesséd*) est la cause de sa Crainte (*Yirah*) de son Créateur, cette Peur (*Paḥad*) est la cause de sa Beauté (*Tiféréth*), sa Beauté (*Tiféréth*)est la cause de sa Victoire (*Netsaḥ*), Victoire (*Netsaḥ*) est la cause de Majesté (*Hod*), et Majesté (*Hod*) est la cause de son Essence, laquelle Essence est la cause de sa Royauté (*Malkouth*), autrement désignée par *Beshak'malav* [בְּשָׁכְמָלָו][204]. Les Pensées du Nom, qui a créé l'homme à Son image, dans une ressemblance de Son propre Modèle, sont d'une profondeur immense.

---

[204] « Beshak'malav » [בְּשָׁכְמָלָו] qui est l'abréviation des six mots : « *Barouk'h Shém Kavod malkouto Léôlam veaâd* » (Béni soit le Nom glorieux, son Royaume est éternel).

גוטיין זית כפיקן   ויתלקץ וטבעותיהן כחלקיו ידרין
ידועיס ככקכה להידיס כדי לקכל כת החכלות מטב...
הספריות יחד כייחיד יחד לשוב הטבעה הכללית   יען
הטבה הפשוטה המושקה הכל הטרש עד הערבים והעטלס...
והפיריות וקוכלהכד · וידוע כי טרית קטך והיד עליד...
כללית ויורעבת יייחלת והיא שרש לחצבעות והחצבעותן
הס עשכיס לוד נחלקיס טבדיות מהתחלבות כגדול...
וטעכו וכבן וכטבע וכחויך וכדיחק   וטמערט...
מקייוית ועבדל זי יחי כטניין וכאגלה   ושיקטב...
כשס יולת חעבנ וכקטת עביעס קחריס ט החוכדיס
כחיכדייס   יש יהס יוהדיייס יחד   ויש יהס רתיקס
מהתריוית   ויש מהס נוטיס שייה נשועה הל הטע...
יאחד   יתן הקכיב והריחוק כדיוות ·   ויש יהס
עייה קטנה וטמה אילעניסד יש כן קטייות   וכך...
כדך הכודאיס והצבעיס שכן הקכיות כאן יהשחור   וכן
כמעשניס כני והיותיק יכן הקכוות   קיל הרעש...
יקיל הכעקטו   יכן קריווה ריח יושך עד קכבו ·
הידוע כט יוקיס   וכן הכיחוטשיס כעביין הקי...
יהחוס יהלה יהיוטב יכן כבל קכחוק   כפטך כשיקריע
המקריב הכחות צדך שיקריב הזך הל הזך כד ·   ש
שיהייחו כשכות ·   ושב ק קריו קחריק שול כדי
לעויק כהס הריחות יהעבשיה יהטחיות   והטה
תדע עוד שיש כבדכת כהנה גוסטות כבל כטוק לבי סדר
יושיותיק ·   כי הריחטין יש ט יה יותיורכ...

III

Si je devais expliciter ces thèmes disséminés à travers mes livres et écrits, tantôt explicites, tantôt allusifs, il me faudrait alors approfondir, structurer et établir un ordre systématique basé sur eux. Car aucun kabbaliste avant moi n'a rédigé des ouvrages de Kabbale aussi explicitement que les miens, en accord avec les deux aspects mentionnés précédemment : les *Sefiroth* et les Noms. Toutes mes démonstrations et exemples sont fondés sur les mystères de la *Torah* écrite et de la *Torah* orale.

Cependant, l'objectif de cette lettre, envoyée comme un présent en hommage au sage et distingué ami fidèle, Rabbi Yehoudah, surnommé Salomon, est de lui faire savoir, ainsi qu'à tous ceux qui la liront, que j'ai d'abord assimilé la première partie de la connaissance, à savoir les *Sefiroth* mentionnées, avant de passer à la seconde partie. En effet, cette dernière ne peut être découverte qu'après avoir appréhendé la première, même si une forte interconnexion existe entre les deux, semblable à celle entre l'âme vitale et la parlante.

ושתוף ידיעת השני פעולת בריותיו על דרך המחקר עם אלו החלקים שהם שני חלקי
הקבלה הוא כשתוף הנפש הצומחת לחיה ומדברת, ושלשתם על דרך משל בשותפם
כדמות כהן ולוי וישראל, ואם יחשוב בעל הספירות לדעת בתורה שבכתב או בתורה
שבע"פ לפי נסתריהן יותר ממני יודע לו אחר זה שהוא תועה ומתעה,

La synergie de la connaissance de la seconde partie, qui concerne l'action de ses créations par la voie de la recherche, avec les deux composantes de la Kabbale, est semblable à l'association de l'âme végétative avec l'âme animale et parlante. Ensembles, elles forment une alliance, métaphoriquement comparable à Cohen, Lévi et Israël. Si le *Baâl Sefiroth* croit comprendre la *Torah* écrite ou orale dans ses dimensions cachées mieux que moi, il réalisera par la suite qu'il est dans l'erreur et induit en erreur.

ואמנם כתבתי ג"כ זאת האגרת השנית להודיע לכם אחי כי מה שחשב הרב ר' שלמה
ב"ר אברהם ז"ל בן אדרת על עניני או מה ששמע היה הכל הבל ורעות רוח, והראייה
על זה שאני ש"ל כבר סדרתי למודי ולמדתי המקרא ודקדוקי הפעולה די ספקי עד
שחברתי בדקדוק עוד ספרים מספיקים ללומדיהם עד שיקראו בעלי דקדוק בדורינו
זה כל יודעם כפי הצורך,

Effectivement, j'ai aussi rédigé cette seconde lettre pour vous informer, mes frères, que les pensées ou les ouï-dire du Rabbi Shlomoh, bar d'Abraham, de mémoire bénie, ben Adrét, n'étaient que « *vanité et poursuite du vent*[205] ». Pour preuve, moi, l'auteur de cette lettre, ai dûment organisé mes études et approfondi la Bible et la grammaire pour dissiper mes incertitudes, jusqu'à rédiger des ouvrages de grammaire suffisamment détaillés pour ceux qui les étudient, afin qu'ils soient reconnus comme des *Baâléi diqdouq* (experts en grammaire) de notre époque, selon leur besoin et leur connaissance.

ולמדתי תלמוד גמר(א) ופסק משני מורים עד שהספיק לי ממנו לדעת קצת המצות,
ולמדתי דרשות ואגדות וברייתות למוד בינוני, ולמדתי הגיון וחכמת הטבע וקצת
הלמודים בלי עמקה, ולמדתי חכמת האלוהות על דרך המחקר, ולמדתי מקצת חכמת
הרפואות מפני ידיעת עניני הגופים והתחלפותם בעבור שיש לה מבוא גדול בחכמת
הטבע וכן חולין, ולמדתי המורה הנקרא מורה הנבוכים מורה באמת בעומקה מופלאה
עם סתריו ועמו המלמד וספר האמונות לר' סעדיה וספר חובת הלבבות לרבינו בחיי,

---

וכל אלה עם ספרי אברהם בן עזרא בחכמתו הניעוני והביאוני לבקש סוד הספירות והשמות ודרכי החותמת (החכמות):

J'ai également étudié le *Talmud*, la *Guémara* et les décisions (*Passéq*) auprès de deux enseignants, suffisamment pour acquérir une connaissance de base de quelques *mitsvoth*. J'ai étudié les *Drashoth*, les *Agadoth* et les *Baraïtoth* à un niveau intermédiaire. J'ai abordé la logique, la science naturelle et quelques études de façon superficielle. J'ai étudié la Sagesse divine de manière approfondie. J'ai aussi étudié un peu la médecine, pour comprendre les corps et leurs transformations, car cela offre une grande introduction à la science naturelle, ainsi qu'aux maladies. J'ai étudié le *Guide des Égarés* (*Moréh haNevoukim*), qui est véritablement un guide profond et merveilleux dans ses mystères, ainsi que le *Livre des Croyances* (*Séfér haÉmounoth*) de Rabbi Saâdia et le *Devoir des Cœurs* (*Séfér Ħovath haLevavoth*) de Rabbéinou Baħaya. Tous ces textes, avec les œuvres d'Abraham Ibn Ezra, m'ont inspiré et conduit à explorer le secret des *Sefiroth* et des Noms, ainsi que les voies des sceaux (des sagesses).

וכל הנזכר לפני דעתי לא הביאני אל תפארת הנבואה אבל הביאני אל התהללות החכמה וכבר נאמר אל יתהלל חכם בחכמתו, אבל בהגיעי אל השמות ובהתירי קשרי החותמת נגלה אלי אדון הכל וגלה לי את סודו והודיעני עד קץ הגלות וזמן התחלת הגאולה על גואל הדם, ואז הכריחני להתבאר בנבואה והביאני לדבר ולחבר בחכמות גם בתושבחות מופלאות מחודשות ושירות נעימות,

Tout ce qui a été mentionné précédemment à propos de ma connaissance ne m'a pas conduit à la Beauté (*Tiféréth*) de la Prophétie, mais plutôt à la louange de la Sagesse. Comme il a été dit : « *Que le sage ne se loue pas de sa sagesse*[206] ». Cependant, en accédant aux Noms et en dénouant les liens des sceaux, le Seigneur de tout m'est apparu, révélant Son secret, m'instruisant sur la fin de l'exil et le début de la rédemption concernant le « *vengeur du sang*[207] » (rédempteur par le sang). Cela m'a poussé à m'exprimer en termes prophétiques, m'amenant à parler et à composer dans les domaines de la

---

[206] Jérémie 9:22. Cité dans le *Guide des Perplexes*, Part III 54:9.
[207] Nombres 35:24 - Deutéronome 19:6.

sagesse, avec des éloges merveilleusement renouvelés et des chants plaisants.

ואחרי הודיעי אותך אהובי חביריי הנכבד אתה ר' יהודה את כל זאת אשוב להודיעך
שאני שמעתי מפי אנשים נכבדים נאמנים עליך שמיום הפרדי ממך התעסק(ת)
בחכמות וקבעת עתים לתורה אבל לא ידעו לומר אם שום קבלה משני מיני הקבלה
אשר זכרתי קבלת או לא קבלת דבר מהם, ע"כ לא יכולתי לדבר עמך בה אפילו
ברמז קטן עצמיי כי אם במקרה,

Après t'avoir informé de tout ceci, mon cher et estimé ami, Rabbi Yehoudah, je reviens pour te faire savoir que j'ai appris de personnes respectées et fiables que, depuis notre séparation, tu t'es consacré aux études de la sagesse et que tu as dédié du temps à la *Torah*. Cependant, ils n'ont pas su dire si tu as embrassé l'un des deux types de Kabbale que j'ai mentionnés, ou si tu n'en as adopté aucun. C'est pourquoi je n'ai pas été en mesure de t'en parler, même par la plus petite allusion, sauf par fortuitement.

ועתה הכריחני לדבר עמך בזה המעט הכתב ששלח הרב לבני פלירמו לר' אחיטוב
שהיה מלא נאצות ולא היה שום דבר חכמה כי אם חרופים וגדופים כמנהג הנערים
הקטנים שאינם בעלי דעת עד שרבים מרואיו הכחישו חתימת ידו וקראוה מזויף
ואמנם אני שהכרתי מדבריו ענינים ידועים לענות לו על דבריו להודיע לך והדומים
לך שהדברים שחשב או ששמע היו להפך,

À présent, je me sens obligé de discuter avec toi de cette question mineure : la lettre que le Rashba (Rabbi Shlomoh ben Adrét) a envoyée aux résidents de Palerme à Rabbi Aḥitov[208], qui était remplie d'insultes et ne contenait pas de véritable sagesse, mais seulement des critiques et des injures, à la manière des jeunes enfants sans discernement. Tant et si bien que beaucoup de ceux qui l'ont lue ont contesté son authenticité, la considérant comme un faux. Pourtant, reconnaissant des thèmes familiers dans ses mots, je me propose de lui répondre précisément, afin de t'informer, toi et ceux qui te ressemblent, que les idées qu'il a conçues ou entendues étaient en réalité à l'opposé [de la vérité].

ולפיכך אודיעך שבעלי הקבלה הספירות חשבו לייחד השם ולברוח מאמונת השלוש
ועשרוהו וכמו שהגוים אומרים הוא שלשה והשלשה אחד כן מקצת בעלי הקבלה

---

208 Aḥitov ben Isaac, le médecin.

מאמינים ואומרים כי האלוהות עשר ספירות והעשרה הם אחד, והנה הם רבוהו
תכלית הריבוי והרכיבוהו תכלית המרכבה ואין ריבוי אחר העשרה,

Ainsi, je tiens à te faire savoir que les Maîtres de la Kabbale des *Sefiroth* ont cherché à unifier le Nom tout en évitant la conception trinitaire. Ils ont procédé de la même manière que les nations qui affirment que « *Il est trois et les trois sont Un*[209] ». De la même façon, certains Maîtres de la Kabbale croient et déclarent que la divinité consiste en dix *Sefiroth* et que ces dix sont une seule entité. Ils ont ainsi atteint le summum de la multiplication et de la composition, car il n'y a pas de multiplication au-delà des dix.

ואלה יודעים שלא עלה למעלה מעשרה ולא ירדה השכינה למטה מעשרה ולא
הבדילו בין הצבור שהם תשעה ובן שליח הצבור שהוא עשירי, והיודעים לחלק
הספירות ולכוללן יודעים שהספירות הם תשע נטיעות רמז לתשע מראות שראה
יחזקאל הנכללות בפסוק אחד והעשירי שורש האילן אם האחד פרי האילן או האחד
שורש האילן והעשירי יהיה קודש לה' והוא הפרי, אבל הסבה הראשונה שבראה אין
סוף לפי דרכנו אינה ספירה אבל סופר הספירות והוא אשר נטע האילן משרשו ועד
פריו, והגן עד לא כי הוא מקום הנטיעות כולו הנטועים בעדן:

Ces connaissants sont conscients qu'il n'existe pas plus de dix au-dessus et que la *Shekhinah* ne descend pas au-dessous de dix. Ils ne font pas de distinction entre les neuf de la Communauté et le dixième, qui est le fils de l'envoyé de la Communauté. Ceux qui savent distinguer et inclure les *Sefiroth* comprennent que celles-ci sont neuf « plantations », rappelant les neuf visions vues par Ézéchiel, résumées en un seul verset. Le dixième est la racine de l'Arbre, soit le premier est le fruit de l'arbre, ou le premier est la racine de l'arbre, et le dixième sera saint pour *Yhwh*, étant le fruit. Toutefois, la Première Cause créée par l'*Éin-Sof*, selon notre méthode, n'est pas une *Sefirah* mais l'énumérateur des *Sefiroth*, et c'est lui qui a planté l'Arbre depuis sa racine jusqu'à son fruit, et le Jardin jusqu'à l'endroit car c'est là que toutes les « plantations » sont plantées en Éden.

---

[209] Il s'agit d'une référence au Christianisme développée dans le *Guide des Perplexes* I, 50.

ונהר יוצא מעדן להשקות את הגן ומשם יפרד והיה לארבעה ראשים, שתי אזנים שומעות הקבלות ושתי עינים רואות פני המלך ודע מה מלמעלה ממך עין רואה ואזן שומעת וכתיב עין רואה ואזן שומעת ה' עשה גם שניהם, ומשם יפרד והיה לארבעה ראשים ארבעה ראשים עדים נאמנים ארבע פרשיות בתפילין שהם שמע והיה קדש והיה בארבעה בתים שהם קשרים במקום שמוח של תינוק רופס, מוחו של תינוק סופר עשר הספירות שהם נכללין בארבע לפי צורות האצילות בדרך זו אׇבׇגׇ֗דׇ אשר האצילות נאצלות משם כזו א א א א א א א א א.

« *Un fleuve sort d'Éden pour arroser le jardin, et de là il se divise et devient quatre têtes principales*[210] ». Deux oreilles entendent les enseignements de la Kabbale et deux yeux voient la Face du Roi. Sache ce qui est au-dessus : un œil qui voit et une oreille qui entend, comme il est écrit : « *un œil qui voit et une oreille qui entend, Yhwh les a faits tous les deux*[211] ». De là, il se divise en quatre directions principales, quatre témoins fidèles, correspondant aux quatre passages dans les *tefillin* qui sont *Shemâ* (écoute), *Vehaya* (et était) *Qodésh* (saint), *Vehaya* (et était), répartis dans quatre compartiments, comme les nœuds situés là où le cerveau de l'enfant est le plus mou. Le cerveau de l'enfant compte les dix *Sefiroth*, qui sont incluses dans les quatre, selon les formes de l'*Atsilouth* (Émanation), ainsi : *AB GaD*, qui sont l'*Atsilouth* qui émane de là, de cette manière[212] :

א

א   א

א   א   א

א   א   א   א

ומזה תדע כי המורכב אחרון שהוא האדם הכולל כל הספירות אשר שכלו הוא השכל הפועל כשתתיר קשריו תמצא עמו הייחוד המיוחד ואפילו האצילות הראשונה שהיא המחשבה המייחדת עם סוד החותם וביד כל אדם יחתום, וצורות תפילין של יד לעד ברורה אשר ביד כהה כנגד הלב שהוא מקור חיים כולם ושם ארבע פרשיות בבית אחד וזה סוד כולל מלת אחד על דרך זו א אׇחׇ֗דׇ, כי הבתים הם כולם ה' שנחלקים בסוד הציצית אל ה' קשרים ואל ח' חוטין והתפילין נחלקין כך אל א' ד' בית אחד סימנו א' ארבע בתים סימנם ד', ועוד הפרשיות כולם ח' והם תוך הבתים על כן באה אות ח' בתוך א' ד':

---

[210] Genèse 2:10.
[211] Proverbes 20:12.
[212] 10 alefs s'additionnent pour imager l'émanation de l'unité des 10 *sefiroth*.

De cela tu sauras que l'être composé en dernier, est l'Adam englobant toutes les *sefiroth,* dont l'intellect est l'Intellect Agent. Lorsque tu dénoueras ses liens, tu trouveras en lui une unicité spéciale. Même l'*Atsilouth* originelle, qui est la Pensée unificatrice avec le secret du Sceau, sera scellée dans la main de chaque personne. Les formes du *tefillin* de la main est un témoignage manifeste, placée sur la main faible face au cœur, source de toute vie, où quatre passages sont placés dans un seul compartiment. Cela représente le secret du mot « un » (*éħad*) de cette façon : É-Ħa-D [אח״ד]. Les compartiments sont tous « *Hé* » [ה] (5), divisées dans le secret des *tsitsith* en 5 (« *Hé* » [ה]) nœuds et 8 (« *Ħéith* » [ח]) fils. Les *tefillins* sont divisés ainsi : « *Alef* » [א] (1) « *Daléth* » [ד] (4), un compartiment dont le signe est « *Alef* » [א] (1) quatre compartiments dont le signe est « *Daléth* » [ד] (4). En outre, les passages sont 8 (« *Ħéith* » [ח]) au total, et ils sont placés au milieu des compartiments, d'où la lettre « *Ħéith* » [ח] (8) qui se trouve au milieu de « *Alef* » [א] (1) « *Daléth* » [ד] (4).

Un autre secret est dévoilé à travers le mystère de l'arrangement des *Parashoth* (sections) avec les compartiments. Il est reconnu que les forces internes et les esprits humains cachés sont répartis à travers les corps. En réalité, chaque force et chaque esprit, une fois libérés de leurs liens, se dirigent vers leur Source originelle, qui est Un (*Éħad*) sans second, englobant la multitude jusqu'à l'Infini (*Éin-Sof*). Cette libération s'étend jusqu'à l'au-delà, où est invoqué le Nom suprême, siégeant au sommet de la *Kétér haÊliyon* (Couronne Suprême). La *Maħshavah* (Pensée) puise alors de là une triple bénédiction, qui comble le manque, comme il est dit : « *et Je l'ai rempli de Rouaħ Élohim, en Ħokhmah, en Tevounah, et en*

Daâth, dans toute l'Œuvre[213]. » Car même l'œuvre reçoit un flux d'Émanation (*Shefâ Atsilouth*) et la bénédiction puissante de la Royauté.

נמצאת אומר שהמזכרת השם שואבה מזכיר הברכה מלמעלה ומורידה מלמטה
ונמצאת למד כי ברכת הכהנים בשמות הקבלה הנזכרתם בשמות הקודש מ̇שׁוׁלׁשׁה̇
בסוד ברכה משולשת כלומר מספר מלת ברכה שלש פעמים היא נכרת מדרך מספר
אותיותיה, תחלה שהם ששים כנגד שהיו ששים רבוא ותדע זה מסוד פסוק אחר והוא
אמרו אשרי העם יודעי תרועה ה' באור פניך יהלכון והוא סוד אמרו עלה אלהים
בתרועה ה' בקול שופר, כי סוד ב̇ר̇כ̇ה̇ זכר וע"כ זכרון תרועה נאמר ביום הדין לסלק
מידת הדין, תבין זה מן השלש שלש ב̇ר̇ של ברכה ותמצאו תרוע̇ה̇ ועוד שלש כ̇ה̇
הנשאר ממלת ברכה ותמצא ע̇ה̇ חבר ת̇ר̇ו̇ עם ע̇ה̇ ותמצא תרועה,

Tu peux ainsi conclure que celui qui évoque le Nom attire la bénédiction d'en haut vers le bas. Il est à noter que la « Bénédiction des Cohanim », avec les « Noms » de la Kabbale et mentionnés avec les Noms Saints, est triplée, révélant le secret de la triple bénédiction. C'est-à-dire que le nombre du mot « bénédiction » répété trois fois est décomposé par le calcul du nombre de ses lettres[214]. D'abord, ils sont soixante, correspondant aux soixante myriades. Ceci est compris à partir du secret d'un autre verset : « *Heureux, le peuple connaissant l'ovation* [תְרוּעָה][215] *! Ils marchent dans la Lumière de Tes Faces, Yhwh !*[216] ». C'est le secret disant : « *Élohim monte dans l'ovation (terouâh), Yhwh à la voix du shofar*[217]. ». Car le secret de la bénédiction est *zakar* (masculin)[218] et c'est pourquoi le souvenir (*zikaron*) de l'ovation (*terouâh*) est proclamée au Jour du Jugement pour atténuer l'attribut du *Din* (Jugement). Tu comprendras ceci en triplant « *bar* » [בר]de *barakah* (bénédiction) et tu trouveras « *terouâh* » en triplant « *kah* » [כה] restant du mot *barakah*, et tu le trouveras en

---

[213] Exode 31:3.

[214] La *Birkath Cohanim* (Bénédiction des Prêtres) est composée de 60 lettres et de 15 mots. Elle est formée de trois versets du Livres des Nombres 6:24,25,26. יְבָרֶכְךָ יְהוָה וְיִשְׁמְרֶךָ: יָאֵר יְהוָה פָּנָיו אֵלֶיךָ וִיחֻנֶּךָּ: יִשָּׂא יְהוָה פָּנָיו אֵלֶיךָ וְיָשֵׂם לְךָ שָׁלוֹם:

[215] *Terouâh* [תְרוּעָה] = 681 = *mishloshah* [מְשָׁלוֹשָׁה].

[216] Psaumes 89:16.

[217] Psaumes 47:6.

[218] Zakar, masculin et aussi le souvenir, l'évocation.

triplant 75 [ע״ה]. Combine 606 [תר״ו] avec 75 [ע״ה] et tu trouveras « *terouâh* » [תְּרוּעָה][219].

והמחבר זה החיבור בידיעה לא במקרה הוא אשר יחבר אר״ץ עם שמי״ם כלומר הכח התחתון הארציי הנקרא ארץ ושמו יבשה שנאמר ויקרא אלהים ליבשה ארץ עם הכח העליון האלקי הנקרא שמים ושמו רקיע שנאמר ויקרא אלהים לרקיע שמים, וכן רקיע עם יבשה עולים במספרם כמספר השמים והארץ ולפיכך נאמר אשרי העם יודעי תרועה ולא אמר תקעו ולא שמעו אבל ידעו, ולא עוד אלא שהשלים הענין של הברכה באמרו ה׳ באור פניך יהלכון בסוד הברכה באור האמצעית יאר ה׳ פניו אליך, ורמז העם הוא המיוחד שבכל העמים והוא העם הידוע והוא בסוד התרועה ולא זולתו,

Celui qui réalise cette association avec conscience, et non par fortuitement, est celui qui connecte « *éréts* » [ארץ] (terre) avec « *shamayim* » [שמים] (cieux)[220], c'est-à-dire la force inférieure terrestre appelée « terre « et son nom « sec », comme il est dit : « *Et Élohim appela le sec (yabashah) : Éréts*[221] ». Il l'associe avec la force supérieure divine appelée « *shamayim* », et son nom « *raqiâ* » (firmament), comme il est dit « *Et Élohim appela le firmament (raqiâ) : Shamayim*[222] ». Ainsi, le firmament (*raqiâ*) et le sec (*yabashah*) s'élèvent en nombre à l'instar du nombre des cieux et de la terre (*haéréts vehashamayim*)[223]. Par conséquent, il est dit : « *Heureux, 'le peuple' connaissant l'ovation* [תְּרוּעָה] » et non « sonnant » ou « entendant », mais « *connaissant* ». Et plus encore, il complète la notion de bénédiction en disant : « *Ils marchent dans la Lumière de Tes Faces, Yhwh* » dans le secret de la Bénédiction dans la lumière intermédiaire : « *Yhwh illumine Ses Faces pour toi*[224] ». L'allusion au peuple est qu'il est unique parmi tous les peuples, étant le 'peuple « connaissant », détenteur du secret du son du shofar, et nul autre.

---

[219] « *Bar* » [בר] = 202 x 3 = 606. « *Kah* » [כה] = 25 x 3 = 75. 606 [תר״ו] + 75 [ע״ה] = 681 = « *Terouâh* » [תְּרוּעָה]. Ainsi, la triple *barakah* (bénédiction) est égale à la *Terouâh*. Plus simplement, on peut dire que « *barakah* » [ברכה] = 227 x 3 = « *terouâh* » [תְּרוּעָה].

[220] « *Éréts* » [ארץ] = 291 + « *shamayim* » [שמים] = 390, soit 681.

[221] Genèse 1:10.

[222] Genèse 1:8.

[223] « *Raqiâ* » [רְקִיעַ] = 380 + « *Yabashah* » [יַבָּשָׁה] = 317, soit 697 = « *Haéréts vehashamayim*» [הַשָּׁמַיִם וְהָאָרֶץ].

[224] Nombres 6:25.

ועל שאר עמים נאמר ועתה לא ראו אור בהיר הוא בשחקים, ועל ישראל בהיותם
בגלות מפני שהסתיר פניו מהם וסלק שכינתו מביניהם נאמר העם ההולכים בחשך
ראו אור גדול, והשלים וכפל ואמר יושבי בארץ צלמות אור נגה עליהם כי אי אפשר
לומר זה על האומות, והנה תדע כי הפסוק הראשון תיבותיו הם ג׳ רמז לכלל הברכה
שהיא משולשת והשני ג״ב תיבות לו רמז אל תוספות שני הברכות על השלישי
והשלישי ה״ב תיבות לו רמז אל תוספות ב׳ ברכות, עוד כי כל הברכות הנכללות
תחת הברכה הכללית האחת המשולשת הן שש ועם הכללית הן שבע ברכות,

Concernant les autres peuples, il est dit : « *Et maintenant on ne voit pas la lumière brillante (bahir), Il est dans les nues[225]* ». Concernant Israël, lorsqu'ils sont en exil parce qu'Il a caché Son visage d'eux et retiré Sa Présence (*Shekhinah*) parmi eux, il est dit : « *Le peuple qui marche dans l'obscurité a vu une grande lumière[226]* ». Il complète et répète en disant : « *Ceux qui habitent le pays de l'ombre-mort, une lumière a brillé sur eux[227]* », car il est impossible de dire cela à propos des nations. Sache ue les mots du premier verset sont au nombre de trois, faisant allusion à la bénédiction générale qui est triple. Le deuxième verset a 3+2 mots, faisant allusion à l'ajout de deux bénédictions à la troisième, et le troisième verset a 5+2 mots, faisant allusion à l'ajout de deux bénédictions. En outre, toutes les bénédictions comprises sous la bénédiction générale unique et triple sont six, et avec la générale, elles sont au total sept bénédictions[228].

וכשתשים הכל שבע כנגד שבע ספירות תחבר אותם אחת שהיא המשולשת המיוחדת
בעצמותה תמצא הכל עשר כנגד עשר ספירות, ולפיכך הכהנים נושאים את כפיהם
ומחלקין אצבעותיהם בחלקיו ידועים בקבלה ליחידים כדי לקבל כח האצילות מכל
הספירות יחד בייחוד אחד לשאוב הברכה הכללית מן הברכה העליונה המשקה הכל
השורש עם הענפים והעלים והפירות ואוכליהם:

Lorsque tu aligneras le total, sept contre les sept *Sefiroth*, en les reliant en une seule qui est une trinité spécifique en elle-même, tu trouveras en tout dix correspondant aux dix *Sefiroth*. C'est pourquoi les *Cohanim* (Prêtres) lèvent leurs mains et divisent leurs doigts selon des divisions reconnues dans la

---

225 Job 37:21.
226 Esaïe 9:1.
227 Idem.
228 La structure de la Birkath Cohanim compte 15 mots, qu'Abraham Aboulâfia divise en 2+5+7.

Kabbale pour les Unifications. Ils font cela afin de capter la force émanant de l'*Atsilouth* de toutes les *Sefiroth* unies dans une seule Unification, pour puiser la Bénédiction générale de la Bénédiction supérieure, qui arrose tout : de la racine aux branches, des feuilles aux fruits, et à ceux qui les consomment.

וידוע כי צורת היד והכף צורה כללית מורכבת מיוחדת והיא שורש לאצבעות והאצבעות הם ענפים ליד נחלקים בצורות מתחלפות בגדול ובעובי ובכח ובפועל ובאורך וברוח ובמערכת מקומות ונבדלו זו מזה בענין ובסגולה ונשתתפו בשם מלת אצבע ובקצת ענינים האחרים, כי האברים באברים יש מהם מתדמין מאד ויש מהם רחוקים מהתדמות ויש מהם נוטים נטייה גדולה אל הצד האחד מן הקרוב והרחוק בדמות ויש מהם נטייה קטנה וכמה אמצעיים יש בין הנטייות וכך דרך המראים והצבעים שבין הקצוות כלבן ושחור וכן במטעמים כמר והמתוק וכן הקולות קול הרעש וקול הלוחש וכן הריחות ריח מושך עם הפכו הידוע בלי מקום וכן הממוששים כענין הקור והחום והלח והיבש וכן בכח הכחות,

Il est reconnu que la forme de la main et de la paume constitue une structure générale complexe et spécifique, étant la racine des doigts. Les doigts, eux, sont des branches de la main, se diversifiant en tailles, épaisseurs, forces, actions, longueurs, esprits et arrangements spatiaux. Ils se distinguent les uns des autres par leur nature et leurs propriétés. Ils partagent le nom « *atsbâ* » (doigt) et quelques autres caractéristiques. En effet, certains membres sont très semblables entre eux, alors que d'autres diffèrent considérablement en apparence. Certains penchent fortement vers un côté, soit proche, soit éloigné en ressemblance. Certains présentent une légère inclinaison, et d'autres sont intermédiaires. Il en va de même pour les visions et les couleurs entre les extrêmes, telles que le blanc et le noir, pour les saveurs comme l'amertume et la douceur, pour les sons entre le bruit et le chuchotement, pour les odeurs entre celles qui attirent et celles qui sont imperceptibles, pour les sensations tangibles comme le froid, le chaud, l'humide, le sec, et enfin pour la puissance des forces.

לפיכך כל יקריב המקריב הכחות צריך שיקריב הזך אל הזך כדי שיתאחדו בזכות וע"כ קדמו המדות לשכל כדי לזכות בהם הרוחות הנפשות והנשמות, והנה תדע עוד שיש בברכת כהנים נוספות בכל פסוק לפי סדר אותיותיה כי הראשון יש בו י"ה אותיות ונוסף עליו השני ה' והשלישי נוסף על הראשון ועל השני נוסף ה' והנה

התוספות בשם השם והרמז ביי״ה שמו כלומר בשם י׳ה׳וֹ כי תוספות התיבות ב׳ ב׳ ב׳
ותוספות האותיות ה׳ ה׳ ה׳ וכללם י׳ה׳וֹ והנה תוכם עוד ר״כ ר״כ ר״כ לפי סוד ברכה
ברכה ברכה ו״ג פעמים ר״כ סוד כתרם ורמזם בכלל יחד סוף תוך וראש וסוד
תוספותם אל יהוה אלהים

Par conséquent, tout sacrificateur offrant des sacrifices doit s'approcher de la pureté avec pureté, afin qu'ils s'unissent dans la pureté. C'est pourquoi les attributs (*middoth*) précèdent l'intellect (*Sékh'él*), pour purifier avec eux les esprits (*rouħoth*), les âmes (*nafashoth*) et les âmes supérieures (*neshamoth*). Sache aussi que dans la Bénédiction des *Cohanim*, il y a des ajouts dans chaque verset, selon l'ordre de ses lettres. Le premier a 15 lettres [י״ה], le deuxième ajoute 5, et le troisième ajoute à la fois au premier et au deuxième 5 lettres supplémentaires. Ainsi, les ajouts sont dans le Nom *HaShém* et l'allusion se trouve dans le 15 [י״ה], Son Nom (*Yah*), c'est-à-dire dans le nom de *YHV* [יה״ו], les ajouts des mots étant 2+2+2 et les ajouts des lettres 5+5+5, et leur total est *YHV* [יה״ו][229]. De plus, leur contenu est encore 220 + 220 + 220 [ר״כ בר״כה בר״כה ר״כ], selon le secret de *barakah-barakah-barakah* [בר״כה][230]. Trois fois 220, secret, de « leur couronne » [כָּתְרם][231] et leur allusion réunit la fin, le milieu et le début. C'est le secret de leurs ajouts à *Yhwh Élohim*.

ראה גם ראה היאך צריך להזהיר מן המדות המתחייבות מן הספירות היש שם מציל
מהם ואת השם האומר ואין מידי מציל, והידים ידי עשו חוזרות להתברך ולברך
במעשה עם היותם בעלי הריב שופכי דמים בידי עמלק וידי משה כבדים ויהי ידיו
אמונה עד בא השמש והסוד תלוי על אמרו כאשר ירים משה ידו וגבר ישראל וכאשר
יניח ידו וגבר עמלק,

Considère comment il faut être vigilant concernant les *middoth* (attributs) qui émanent des *Sefiroth*. Il existe à la fois ce qui peut sauver et ce qui prétend qu'il n'y a aucun salut. Les « *mains* », les mains d'Ésaü, retournent pour être bénies et pour bénir dans l'action, bien qu'elles soient des mains de conflit, répandant le sang par les mains d'Âmaléq. Les mains

---

[229] 2+2+2+5+5+5 = 21 = *YHV* [יה״ו].

[230] Le 2 et le 5 désignent la première lettre, *béith*, et la dernière lettre, *hé*, de *barakah*. Les deux lettres centrales écrivent le nombre 220.

[231] *Kéterém* [כָּתְרם] = 660, soit 3x220 = 660.

de Moïse, quant à elles, sont puissantes, fidèles jusqu'à la venue du soleil. Le secret repose sur l'expression : « *Quand Moïse levait sa main, Israël prévalait, et quand il baissait sa main, Âmaléq prévalait[232]* ».

וא"כ בזכרנו קול קול יעקב בהזכרת השם ככתבו במקדש עם הידים ידי עשו בעליונים ונשים ברית יחיד מכריע בינותים והיא ברית הלשון וכן נעלה בתחתונים עם ברית מילה ונשתף הדיבור המוליד תלמידים עם המעשים והכח המוליד בנים עם התנועה אשר יד ורגל רמז לשני העניינים בהם בכח כ"ב אותיות המגלות סוד הספירות באמת לא במקרה מיד נקח קבוץ הכחות יחד ונרים דגל ירושלים בשם השם ונקבץ הגלויות ונדחי ישראל יכנס השם למען שמו שכן כתיב לא למענכם אני עולה כי אם למען שמי, והנה סוד שלם רמז אל חסרון השכינה מעירנו ומתוכינו ומציאותה הכוללת י' ספירות יחד:

Ainsi, en mentionnant la « voix », « *la voix de Jacob* » dans l'évocation du Nom, comme il est écrit dans le Sanctuaire avec « *les mains* », les mains d'Ésaü dans l'En-haut, « *Alliance unique qui décidera entre eux, et c'est l'alliance de la langue[233]* ». De même, dans l'En-bas, nous nous élèverons avec l'alliance de la circoncision. Nous associerons le *Dibbour*, qui génère des disciples, avec des actes, et la force qui engendre des fils avec le mouvement de la main et du pied, symbolisant les deux concepts par lesquels les 22 lettres dévoilent le secret des *sefiroth* ; de manière véritable et non fortuite. Immédiatement, nous rassemblerons un ensemble de forces et érigerons la « *bannière de Jérusalem* » au nom du Nom. Nous regrouperons les exilés et les dispersés d'Israël, entrant dans d'*HaShém* pour l'Amour de Son Nom, car il est dit : « *Ce n'est pas pour votre bien que Je le fais, mais pour Mon Nom[234]* ». Ceci est un secret complet, allusion à l'absence de la *Shekhinah* de notre ville et de notre milieu. Sa réalité englobe l'union des dix *sefiroth*.

אל שובה לשכון בתוכנו ובארצנו ובבתינו ובבית מקדשינו. ודע כשתכלל שפע עשר ספירות בחשבון המרובע מן אחד עד עשרה יעלו שכינה כאלה א ב ג ד ה ו ז ח ט י,

Reviens [*Shekhinah*] pour demeurer parmi nous, dans notre terre, dans nos maisons, et dans notre Temple. Et sache que lorsque le *shefâ* des dix *sefiroth* sera complet dans un calcul

---

232 Exode 17:11.
233 Voir le *Séfér Yetsirah*, chapitre 1.
234 Ézéchiel 36:22.

carré de un à dix, la Présence divine montera ainsi : 1, 2, 3, 4, 5, 6, 7, 8, 9, 10 [א ב ג ד ה ו ז ח ט י][235].

ודע שאלו האותיות הקדושות העשר מורות עניין כל הספירות ומי שחושב לדעת
הספירות בלתי הוראתם טועה ומתעה אבל צריך להתבונן באמיתתינו אחר
קבל החכם מדעתו ראשי פרקים שקבל מרבו ורבו מרבו עד משה מפי הגבורה וצריך
לדעת שתופם והבדלם וסגולתם ושמותם וצורות חותמיהם איך תשתתף החתימה עם
הכתיבה והכתיבה עם החתימה כדמות מה שאנו עושים היום במלת אי"ל א"ל כי מכלל
החתימות הוא וצריך לכלול הספירות העליונות עם האמצעות והתחתונות לפי
שלשים צורות אלו הידועים לכל ורמז לחכם די:

Sache que ces dix lettres saintes représentent le concept de toutes les *Sefiroth*. Celui qui tente de comprendre les *Sefiroth* sans leur enseignement est dans l'erreur, s'égare et induit en erreur. Il est essentiel de réfléchir à notre vérité après que le sage a reçu des éléments fondamentaux de son enseignement, hérités de son maître, du maître de son maître, remontant jusqu'à Moïse de la bouche de la Puissance (*Guevourah*). Il est nécessaire de connaître leur essence, leur distinction, leur particularité, leurs noms, et les formes de leurs sceaux, et comment le sceau s'intègre à l'écriture et l'écriture au sceau, à l'image de ce que nous pratiquons aujourd'hui avec le mot « *Él* » [א"ל אי"ל], car il fait partie de l'ensemble des sceaux. Il est indispensable d'intégrer les *Sefiroth* supérieures, intermédiaires et inférieures selon ces trente formes, qui sont bien connues, une allusion suffisant pour le sage.

י	ט	ח	ז	ו	ה	ד	ג	ב	א
ק	צ	פ	ע	ס	נ	מ	ל	כ	י
א	ץ	ף	ן	ם	ך	ת	ש	ר	ק

והשתכל בעצמך השתכלות שלם ועיין בם עיון תמים ותמצא בצורות א' כלומר
תמצא שיש למחשבותיך ראשית ע"כ תורה העניין ראש א' על זה, ועוד המחשבות

---

[235] $1^2+2^2+3^2+4^2+5^2+6^2+7^2+8^2+9^2+10^2 = 385$ = *Shekhinah* [שְׁכִינָה].

נמשכות ויורדות מן הראש אל הזרועות השתים שסופיהם ה' ה' ספירות האצבעות
דרך הצואר עד תוך הלב אשר משם מתפלשים הזרועות,

Contemple-toi avec une observation complète et étudie-les avec une analyse parfaite. Tu les trouveras dans les formes du *Aléf* [א], signifiant que tu découvriras que tes pensées ont un commencement. Ainsi, le sujet de la *Torah*, la tête du *Aléf*, est pertinent ici. De plus, les pensées se propagent et descendent de la tête vers les deux bras, dont les extrémités sont représentées par les deux « *Hé* » [ה ה], symbolisant les cinq *Sefiroth* des doigts [« cinq contre cinq »], passant par le cou jusqu'au cœur, où les bras se séparent.

ועוד המחשבה מתפשטת מצד שמאל ויורדת עד הכליות אשר אחד מהן ימנית ואחד
שמאלית והנה ה"א בעלות שלש צורות כלליות כולל שלשה עולמות מעלה ומטה
ואמצע וסימן שלשתם זכר זרוע כוליא ראש, והנה סימן ברכ"ה מחשב לב מבין
כליות יועצות על כן עצת חכמה שהיא עצתה היא תקום, ולפיכך צורת ב' מקבלת
מכח צורת א' ברכה מן הכליות והיא פושטת ידה לקבל מהן למטה ואין פני החכמה
אל המחשבה כי אינה יכולה לקבל ממנה פנים אל פנים על כן יש פנים בלתי הברכות
השניות ואין פנים בראשונה,

De plus, la Pensée (*Maḥshavah*) se propage du côté gauche et descend jusqu'aux reins, l'un étant à droite et l'autre à gauche. Voici, le « Hé » [ה"א] avec ses trois formes générales englobe trois mondes : supérieur, inférieur et intermédiaire. Le signe de ces trois est représenté par le mâle (*zakar* [זכר]) : bras, rein, tête (*Zakar, Koulia Rosh* [זְרוֹעַ כּוּלְיָא רֹאשׁ][236]). Ainsi, le signe de la bénédiction (*barakah* [ברכה]) est que « *le cœur pense, les reins conseillent* », donc le conseil de la Sagesse (*Ḥokhmah*), qui est son conseil, prévaudra. Par conséquent, la forme du « *beith* » [ב'] reçoit la force de la forme du « Aléf » [א'] comme une bénédiction des reins, et elle étend sa main pour recevoir d'eux vers le bas. Le visage de la Sagesse (*Ḥokhmah*) n'est pas tourné vers la Pensée (*Maḥshavah*), car elle ne peut pas recevoir directement d'elle, donc il y a des « visages » dans les bénédictions secondaires, mais pas dans la première.

וגם ראוי לצייר ב' כזו ב' של בראשית מעידה עליה עם ב'
של ברכה קבול קטנה של מעלה וגבולה מלמטה, ומפני א' של ארור המן אשר סודו

---

[236] *Zakar, Koulia Rosh* [זְרוֹעַ כּוּלְיָא רֹאשׁ], dont les initiales forment le mot *zakar* [זכר].

בשר ועניינו ב׳ ש״ר כלומר ב׳ המורה על החכמה הוא שר העולם כלומר של כל בשר
לפיכך היה ב׳ של ברוך מרדכי סימן המשקה והשתייה ויובן זה מסוד נבי״א שהם
אותיות כוללות ראשי שני העניינים וסופיהם ורמז להם אבנ״י שיש טהור:

Il convient également de représenter le « *béith* » [ב] de cette manière, symbolisant la *Ħokhmah* (Sagesse), comme en témoigne le « *béith* » de « *Beréshith* » (Au commencement) avec le « *béith* » de « *Barakah* » (Bénédiction), symbolisant une réception subtile d'en haut et une limite d'en bas. À cause du « *aléf* » de « *arour Haman* » (Maudit soit Haman), dont le secret réside dans la chair (*bassar*), son concept est « *béith-Sar* », c'est-à-dire que le « *béith* », qui enseigne sur la *Ħokhmah*, est le « *Sar* » (Prince) du monde, c'est-à-dire de « *toute chair (bassar)*[237] ». Par conséquent, le « *béith* » de « *Barouk'h Mordék'aï* » (béni soit Mardochée) est un signe de boisson et de festivités. Cela peut être compris à travers le secret de « *navi* » (prophète), dont les lettres englobent les commencements et les fins des deux concepts. Cela fait allusion à « *pierres (avnéi*[238]*) de marbre pur*[239] ».

וצורת ג׳ צורת בינה כזו ג׳ כי יש לה ראש וזנב, הנה לב מבין וסוף שם מֹ̇ח רמז אל
ראש שם חֹכמה סוף שם על לב רומז על ראש שם ביֹנ̇ה וסוד שם כֹבֹד רומז לראש שם
דעת, ואלה השלשתם בהם שלש רוחות צומח שוכן בכבד חי שוכן בלב מדבר שוכן
במוח וסימנך כֹֹלֹֹם כאחד קדושה לך ישלשו,

La forme du *Guimel* représente la *Binah* de cette manière ג, car elle possède une tête et une queue. Ainsi, « *le cœur comprend* ». La fin du mot « *moaħ* » (cerveau) correspond à la première lettre du mot *Ħokhmah* (Sagesse), et la fin du mot « *lév* » (cœur) fait allusion à la première lettre du mot *Binah* (Compréhension). Le secret du mot « *kavéd* » (foie) allude à la première lettre du mot *Daâth* (Connaissance). Ces trois entités abritent trois esprits : le végétatif réside dans le foie, l'animal dans le cœur, et le parlant dans le cerveau. Ton signe sera « *Koulam* » (Tous), comme un seul, sanctifiés trois fois pour toi[240].

---

[237] Genèse 6:13.

[238] *Navi* [נָבִיא], prophète, et *avnéi* [אַבְנֵי], pierres, sont composés des mêmes lettres.

[239] Talmud Ħaguigah 14b. אַבְנֵי שַׁיִשׁ טָהוֹר.

[240] Allusion à la prière : קְדֻשָּׁה כֻּלָּם כְּאֶחָד.

והנה הם שלשת מקורות הגוף ושם העיר מיום השמה רמז אל עיר קטנה ואנשים בה
מעט שהוא משל נשוא על גוף בן אדם ועל התחלף כחותיו כמו שנרמז במורה
ובשתוף עמהם המקור הרביעי שהם שני הביצים שסימנם לפי ראשם ב' ותחברנה
עם כל"ם הנזכר יהיה סוד ארבעת מקורות הגוף בכלם

Ces trois éléments sont les « trois sources du corps ». Le
nom de la ville depuis « sa nomination »[241], fait allusion à une
petite ville avec peu d'habitants, ce qui est une métaphore
pour le corps humain et le changement de ses énergies,
comme suggéré dans le Guide [des Égarés]. En y associant
une quatrième source, qui sont les deux testicules, symbolisés
par la lettre initiale « *béith* », et en les combinant avec
« *koulam* » (tous) mentionné précédemment, cela révèle le
secret des quatre sources du corps « *bekoulam* » (en eux tous). "

וע"כ הם משמשים בלשון הקודש המקור אותיות בכ"לם בראשי התיבות והשמות,
כך קבלנו מספרו של הרב ר' יהודה הנגיד אשכנזי ז"ל מרוטנבורגו והענין הראשון
קבלנו מספרו של הרב ר' אליעזר אשכנזי ז"ל מוורמשא אשר לא היו בזמנינו
ונשארו זכרוניהם בספריהם ואלו ראינום שאלנום על יותר עמוק מזה,

Ainsi, dans la langue sainte, ils utilisent la source des
lettres « en tous » (*bekoulam*) [בכלם] dans les abréviations et les
noms. Cette connaissance, nous l'avons reçue du livre de Rav
Rabbi Yehoudah Hanaguid Ashkénazi, de mémoire bénie, de
Rothenburg. Quant au premier principe, il nous vient du livre
de Rabbi Eliezer Ashkénazi, de mémoire bénie, de Worms, qui
n'étaient pas de notre époque. Leur souvenir persiste à travers
leurs écrits. Si nous avions eu l'occasion de les rencontrer,
nous les aurions questionnés sur des aspects encore plus
profonds.

ואמנם היות צורת גימל מורה על צורת בינה הוא מצד היותה נשרשת בלב וחוט
השדרה שהוא בעל ראש וזנב ברדת דרך ישרה ממוח הראש מוציא ממנו קול בדרך
ממנו הלב וממה שנזכרת בין מה שלא נזכר,

En effet, la raison pour laquelle la forme du *Guimel* indique
la forme de la *Binah* est qu'elle est enracinée dans le cœur et la
colonne vertébrale, qui possède une tête et une queue. En
descendant directement depuis le cerveau de la tête, elle émet

---

[241] Les initiales de שלשת מקורות הגוף (trois sources du corps) forment השמה
(nomination).

un son sur son chemin vers le cœur, et cela concerne ce qui est mentionné ainsi que ce qui ne l'est pas.

ותדע שכמו שנמצא צורת אברי גוף מתחלפות צורות האותיות ותוכן הספירות מתחלפות ומשתתפות וכאשר תחשוב לומר על ספירה אחת זו אינה זו האחרת תמצאינה שאינה היא מצד והוא הוא מצד וכשתתיר כל קשרי הספירות תייחדם בעל כרחך וכשתייחדם תכלית הייחוד לא תמצא בם כי אם הייחוד וכשתהיה מייחד מן המיוחד לא תמצא שם שום ספירה כי אם הסבה הראשונה בלבד,

Sache que, de même que les formes des membres du corps varient, les formes des lettres et le contenu des *sefiroth* changent et s'interconnectent. Lorsque tu envisages une *sefirah* en particulier, tu découvriras qu'elle diffère d'une autre d'un point de vue, mais qu'elle est identique sous un autre angle. En déliant tous les nœuds des *sefiroth*, tu les unifieras inévitablement. Dans cette unification ultime, tu ne percevras dans ces *sefiroth* que l'Unité. Et lorsqu'on atteint cette unité, on ne trouve plus aucune *sefirah* distincte, seulement la Première Cause.

רמז אל זה כשתתן כל העצים המתחלפים עם שרשיהם וענפיהם ועליהם ופירותיהם אל כבשן האש ישובו כולם ראש תחלה וכשיותרו מן האש ישובו אל העפר שהוא הדשן הנקרא עפר ותדע זה מעפר שריפת הפרה, וזה רמז הכל היה מן העפר והכל שב אל עפר, והמספר המושכל לעד הנאמן כי בהתיכך הרכבותיו ישוב הכל אל ראשיתו שהוא אחד:

Ceci est symbolisé par l'exemple suivant : lorsque tu places différents arbres, avec leurs racines, branches, feuilles et fruits dans un four à feu, ils se réduisent finalement tous en cendre. Lorsqu'ils sont consumés par le feu, ils retournent à la « poussière », ce qui est la nature de la « cendre ». Cela est illustré par la poussière résultant de la combustion de la Vache rousse. Cela symbolise le concept que tout provient de la poussière et tout retourne à la poussière. Ce processus, de l'intellect à la foi, montre que dans leur transformation, tous les éléments retournent à leur origine, qui est Un (*Éḥad*).

וזה הדרך אינה נבואה אבל היא מביאה אליה, על כן המתלוצצים עליה לא הכירו שרשה ולא ענפיה ועליה ועליהם נאמר כי רבים חללים הפילה ועצומים כל הרוגיה, והשם יודע כי זה המעש' שכתבתי לך עם מה שתראהו באגרת הרב שאני שולח לידך כדי שתגיענה לידו לא הייתי כותבו בשום פנים לולא ההכרח העתיד להיות המכריחני

להודיעכם מה שראוי להמשך אחריו והיא ידיעת השם בשם על דרך סתרי תורה ספר יצירה ושאר ספרי קבלה הדומים לו בעניינים אלה שהם עקרי השגת האדם,

Cette voie n'est pas celle de la prophétie, mais elle conduit à celle-ci. C'est pourquoi ceux qui la ridiculisent ne comprennent ni sa racine ni ses ramifications. À leur égard, il est dit : « *Car elle a fait tomber beaucoup de blessés, et ceux qu'elle a tués sont très nombreux[242].* » *HaShém* sait que cette lettre que je t'écris, ainsi que celle du Rav que je t'envoie pour qu'elle lui parvienne, je ne les aurais pas écrites sans une nécessité future impérieuse qui m'oblige à te révéler ce qui mérite d'être suivi. Cela concerne la connaissance de *HaShém* par le Nom, à travers les mystères de la *Torah*, le *Séfer Yetsirah*, et d'autres textes kabbalistiques similaires, qui sont essentiels à la compréhension humaine.

וייחדתי לך זה הקונטרס הכפול לרמוז שתכפה אהבתך בקבלה אחר אהבתך החכמה ותרוץ ממעלות הדעת הקשורה במוחך ומשם תרוץ בכח המחשבה השכליות להוציא הכל מן הכח אל הפועל אולי יתעשת אלהים לנו ונגביר האמת על השקר ונגביה החיים על המתים ונחייב בנו מציאת הברכה והעדר הקללה ונכריח את הטוב שינצח את הרע ונגרש הרע מפני הטוב ונקרא את הצדיק צדיק ואת הרשע רשע ולא נהיה חנפים מהפכים כוונת ממציאנו י״ת לפי מחשבות ההבל:

J'ai spécialement préparé pour toi ce fascicule en double exemplaire, pour te suggérer de compléter ton amour pour la sagesse avec ton amour pour la Kabbale. Tu devrais t'élancer depuis les hauteurs de la connaissance liée à ton cerveau et, de là, te précipiter avec la force de la pensée intellectuelle pour transformer tout potentiel en acte. Peut-être qu'*Élohim* se révélera à nous, et nous élèverons la vérité au-dessus du mensonge. Nous exalterons la vie par-dessus la mort et assurerons la présence de la bénédiction et l'absence de malédiction. Nous forcerons le bien à triompher sur le mal, repoussant ce dernier devant la bonté. Nous nommerons le juste « *Tsaddiq* » et le méchant « *Rashâ* ». Nous ne serons pas des hypocrites qui renversent l'intention de notre Créateur, béni soit-Il, en nous conformant à des pensées futiles.

---

[242] Proverbes 7:26.

ועתה אני מחלה פניך מאד שתעיין בדברי עיון יפה כראוי לאיש כמוך ואל תדינם
בתחלת מחשבה לא לזכות ולא לחובה אבל דינם אחרי ברור שלם, וראה והבן מהם
מה כוונתי בהם כפי יכלתך, ואחרי שירדת בם לסוף דעתי לפי מחשבותיך תודיע לרב
ר' שלמה דעתך בדינך ובמשפטם, ואמנם דע כי מה שהתרתי בזאת האגרת בחלוקה
ההכרחית בארבעת הדברים הראשונים שבה היתה כוונתי לרמוז לך דעת המקובלים
בענין סוד העבור שהיא אצלם שהנפשות מתגלגלות להשלמת הדין כמו שנרמז בספר
הבהיר במשל הפת המעופש ושהחסיד הגומל חסד לקונו הוא הלומד תורה והוא סבת
חיים הנצחיים,

Je t'exhorte sincèrement à examiner en profondeur mes paroles, comme il se doit pour un homme de ta stature. Ne les juge pas prématurément, ni favorablement ni défavorablement, mais après une analyse complète et minutieuse. Découvre et comprends, selon ta capacité, ce que j'ai cherché à exprimer à travers eux. Après avoir pleinement saisi mon intention selon tes réflexions, partage ton point de vue, ton jugement et ton évaluation avec le Rabbi Salomon [ibn Adrét]. Sache en effet que ce que j'ai révélé dans cette lettre, concernant la distinction nécessaire des quatre premiers sujets, visait à te faire entrevoir la connaissance des kabbalistes à propos du *Sod haÎbbour*. Selon eux, les âmes se transmigrent (*guilgoul*) pour parfaire le *Din*, comme il est suggéré dans le *Séfer haBahir*[243] par la parabole du pain moisi. Et le pieux qui manifeste *Hesséd* envers son Créateur, celui qui étudie la *Torah*, est la source de vies éternelles.

והראייה כי על כל מוצא פי ה' יחיה האדם שהיא תורה שהיא יצאה מפי השם ועליה
יחיה האדם כשממית עצמו עליה מרמז אדם כי ימות באהל אל תקרא באהל אלא כי
ימות בה ושם נאמר על ענין יראת ה' היא אוצרו משל תמרים, וסוד הנשמות נרמז
שם לפי זה עם ענין אמרם אין בן דוד בא עד שיכלו כל הנשמות שבגוף הוי אומר כל
הנשמות שבגוף האדם ויזכו הנשמות לצאת ואז בן דוד זוכה להולד כי נשמתו תצא
חדשה בכלל האחרים:

La preuve réside dans le fait que l'être humain vit par chaque parole issue de la bouche de *Yhwh*, c'est-à-dire la *Torah*, qui émane de la bouche d'*HaShém*. C'est par elle que l'humain vit, lorsqu'il se dévoue entièrement à elle, comme l'indique le passage : « *Lorsqu'un humain meurt dans une*

---

[243] Séfer haBahir 184.

tente[244] ». Il ne faut pas lire « *dans une tente* », mais plutôt « *s'il meurt en elle* ». Il est également mentionné, en référence à la crainte de *Yhwh*, que « *elle est son trésor*[245] », illustrée par la métaphore des dattes. Le mystère des âmes est aussi évoqué en lien avec l'affirmation que « *Le fils de David, ne viendra pas avant que toutes les âmes du corps n'aient été épuisées*[246]. » Cela signifie toutes les âmes présentes dans un corps humain, qui doivent être dignes de s'en échapper. Alors, et seulement alors, le fils de David pourra naître, car son âme apparaîtra nouvelle parmi les autres.

וכן הרב הקדוש מזכיר ענין סוד העבור בפירוש איוב בטענות אליהו ליישב דעת החכם בענין צדיק וטוב לו הוא אשר גמור ומשפט צדק ניכר לכל בתחילת המחשבה וכן רשע ורע לו ואין מחשבת הקושיא אלא בהיפוך הסדר כי על כן צריך לחדש מציאות מן ההפוך פעמים שלש כמו שרמז הרב ג״כ בספר תורת האדם בשער הגמול שלו וכלל אומר לך על כל זה בסוף דברי והוא זה,

De la même manière, le saint Rav évoque le Secret de la Transmigration (*Sod haÎbbour*) dans son commentaire sur Job, dans le cadre des argumentations d'Élie, visant à clarifier pour le sage la question du Juste et de son bien-être. Cela concerne celui qui est pleinement récompensé et dont le jugement de justice est évident pour tous dès le début de la pensée. Il en va de même pour le méchant et son malheur. La difficulté de la pensée survient uniquement quand l'ordre est inversé. C'est pourquoi il est nécessaire de renouveler la réalité trois fois à partir de son contraire, comme le Rav l'a aussi indiqué dans son livre *Torath HaAdam*, dans la section sur la Récompense. En résumé, il formule un principe pour toi sur tout cela à la conclusion de ses paroles, qui est le suivant :

דע כי התורה עם הדבור כולו הוא כחומר למחשבה ומה שהמחשבה חפצה לתת צורה בחומר הנזכר על דרך משל החומר מקבל צורה ההיא כי החומר כמראה שמקבלת כל הצורות ומראה אחריה מה שקבלה ולולא זה לא היו האומות מתחלפות ולא הדיעות והאמונות וכדומה לו וא״כ המחשבה היא דבר שבה מצטיירות החכמות ולולי זה לא היה הכתוב אומר חכמים המה להרע ולהיטיב לא ידעו והנה החכמה בעלת ב׳ פנים שנאמר מחשב להרע לו בעל מזימות יקרא

---

244 Nombres 19:14.
245 Isaïe 33:6.
246 Talmud Yevamoth 62a et 63b.

Sache que la *Torah* dans son ensemble, associée à la Parole (*Dibbour*), est comparable à une matière pour la pensée. Ce que la pensée désire former avec cette matière est reçu par elle. À l'image d'un miroir qui accepte toutes les formes et reflète ce qu'il a reçu, sans cela, il n'y aurait ni changement chez les nations, ni dans les opinions ou les croyances. Ainsi, la pensée est l'entité où se dessinent les sagesses. Sinon, les Écritures n'auraient pas déclaré : « *ils sont sages pour faire le mal, mais ils ne savent pas faire le bien[247].* » La Ḥokhmah possède deux aspects, comme il est dit : « *Celui qui prépare ses méfaits, on l'appelle Maître des intrigues[248].* »

וכן בא בדברי רז"ל מחשבה טובה הקב"ה מצרפה למעשה ומחשבה אינה כי כן אני זוכר בתלמוד מחשבה רעה אין הקב"ה מצרפה למעשה, והנה שם המחשבה ההרהור ואמרו אסור להרהר אחר מידותיו ואמרו רז"ל ההרהורי עבירה קשין מעבירה, וכבר ידעת פירוש הרב בפרק ג' מהמורה והוא פירוש מעולה ולפי זה כולו נאמר כי לא מחשבותי מחשבותיכם ולא דרכיכם דרכי ועל מה שהיה אומרים במחשבתם הרעה נאמר להם אתם אומרים לא יתכן דרך ה' הלא דרכיכם לא יתכנו,

Il est également mentionné dans les enseignements de nos Sages : « *Le Saint, béni soit-Il joint une bonne pensée à une action (œuvre)[249].* » Mais pour une pensée mauvaise, il n'en est pas ainsi. Je me rappelle que dans le *Talmud*, il est dit : « *Une mauvaise pensée, le Saint, béni soit-Il, ne la joint pas à l'action (œuvre)[250].* » La Pensée (*Maḥshavah*) est ici désignée comme « réflexion » (*hirhour*[251]), et il est dit : « *Il est interdit de 'réfléchir' (hirhour) sur Ses attributs* », et nos Sages ont affirmé : « *Les pensées du péché sont pires que le péché[252].* » Tu connais sûrement l'interprétation du Rav dans le troisième chapitre du *Guide des Égarés*, qui est une explication remarquable. Ainsi, tout revient à dire : « *Car Mes pensées ne sont pas vos pensées, et vos voies ne sont pas Mes voies[253].* » Et face à leurs mauvaises pensées, il leur

---

247 Jérémie 4:22.

248 Proverbes 24:8.

249 Talmud Qdoushin 40a.

250 Talmud Ḥoullin 142a.

251 *Hirhour* [הִרְהוּר] est aussi une pensée passagère.

252 Talmud Yoma 29a. Cité par Maïmonide dans le Guide III-8.

253 Isaïe 55:8.

est répondu : « *Vous dites … la voie d'Adonaï n'est pas possible !
Mes voies ne sont-elles pas possibles ?*[254] »

וידוע שנפש המשכלת היא בעלת המחשבה והיא אחת ומחשבותיה שתים והמחשבה
לה כתר עליון והיא המביאה לידי הפעולות הטובות והרעות ואמנם הנפעלות בחכמה
כולן טובות, ובסכלות כולן רעות,

Il est reconnu que l'âme rationnelle est maîtresse de la
Pensée (*baâl haMaḥshavah*). Elle est unique, mais ses pensées
sont doubles. La Pensée elle-même est comme une Couronne
Suprême (*Kéter Êliyon*) et mène aux actions, tant bonnes que
mauvaises. Toutefois, les actions guidées par la sagesse
(*Ḥokhmah*) sont toujours bonnes, tandis que celles guidées par
la sottise sont systématiquement mauvaises.

והמתבונן במפעלים ובמה שיתחייב מעצמן ומכחם ידע זו אותם כפי הבנתו וכפי
המשכתו אחרי הדעות הנאמנות אצלו ואין בחינת ההבנה כי אם בדיעה ואין דעת בלי
בינה ואין בינה כי אם בחינה בין החכמה והסכלות ואין חכמה בלתי השתכלות ועיון
ורוב משא ומתן במחשבת הנפש המשכלת

Celui qui réfléchit sur les actes et sur ce qui découle
naturellement de leur propre essence et de leur force
parviendra à une compréhension de ces aspects selon son
propre discernement et selon son penchant pour les opinions
qu'il juge fiables. La Compréhension ne se trouve que dans la
Connaissance, et il n'y a pas de véritable Connaissance sans
Compréhension. La Compréhension, elle, repose sur le
discernement entre la Sagesse et la folie. La Sagesse, quant à
elle, ne peut exister sans une contemplation profonde et un
examen minutieux, et une réflexion considérable dans la
Pensée de l'âme qui pense rationnellement.

וא״כ המקובלים כשלא יחשבו בחכמתם מחשבת נשמתם ולא יתחכמו עד שיבדילו כי
כוונתם בין הדיעות עד שיאמינו מה שיאמינו בחכמה ובתבונה ובדעת מעט הבדל בין
קבלתם ובין קבלת מקובלי שאר אומות קבלתם.

Ainsi, si les kabbalistes n'emploient pas la Sagesse
découlant de la Pensée de leur âme et ne parviennent pas à un
Sagesse suffisante pour distinguer clairement leurs intentions
des diverses opinions – au point d'adhérer dans leur croyance

---

[254] Ézéchiel 18:29.

à la Sagesse (*Ḥokhmah*), la Compréhension (*Binah*) et la Connaissance (*Daâth*) –, alors la différence entre leur approche de la Kabbale et celle des kabbalistes d'autres nations sera minime.

זהו אשר רציתי לגלות לך מצורת ענין שם קבלה ודרכיה:

C'est ce que je souhaitais te révéler concernant l'essence de la Kabbale et de ses méthodes.

Bibliographie de l'auteur

- *Spiritualité de la Kabbale,* 1986 (épuisé).
- *Kabbale et destinée,* 1986/1994 (épuisé).
- *Lumières sur la Kabbale,* 1989 (épuisé).
- *Kabbale extatique et Tsérouf : Techniques de méditation des anciens kabbalistes,* 1993.
- *Vie mystique et Kabbale pratique : Angéologie et pratiques théurgico-magiques dans le Shiour Qomah, la Merkavah et la Kabbalah Maâssith,* 1994.
- *Le Séfer Yetsirah : Le Livre kabbalistique de la Formation,* 1995.
- *Le Grand-Œuvre de Jonas : Traduction du Séfer Yonah commentée à la lumière de la Kabbale et de l'Alchimie,* 1996.
- *L'Alphabet hébreu et ses symboles : Les 22 Arcanes de la Kabbale,* 1997.
- *La Voix du corps : Introduction à la Bioherméneutique, Sagesse thérapeutique des kabbalistes,* 2002.
- *Paroles de nombres : Méthode simple et pratique de décodage des mots et des noms par leurs équivalences numériques,* 2003.
- *Abécédaire du Langage des Animaux - Symboles, messages et influences,* 2004.
- *Dictionnaire encyclopédique de la Kabbale : Kabbale, kabbalistes, livres et terminologie,* 2005.
- *Les mystères de la dent,* en collaboration avec Gérard Athias, 2009.
- *La Voix des maux : Les messages des maladies dévoilés par leurs racines hébraïques,* 2010.
- *Le Trône de Joie : Vers la Présence et la réintégration de la Joie sans Cause,* 2015.
- *Kabbale et couleurs : Les mystères des nuances de la Lumière,* 2016.
- *Le coffret ABC des Lettres hébraïques - Le livre + les 22 cartes d'Othioth,* 2017.
- *Aboulâfia – La Quête du kabbaliste, Roman biographique,* 2019.
- *La kabbale à la lettre - Épistoles 2013 à 2019.*
- *Racines hébraïques usuelles : Morphèmes bilitères et trilitères de l'hébreu,* 2020.
- *Dictionnaire de Guimatria : Valeurs numériques des termes hébraïques en usage dans la Kabbale et la spiritualité,* 2020.
- *Guélyana, l'Apocalypse dévoilée : Le Livre de l'Apocalypse à la lumière de ses sources araméennes,* 2021.
- *La Kabbale à la lettre, épistoles de 2020 à 2021.*
- *Le Verger des paraboles – Tome I,* 2023.
- *Le Verger des paraboles – Tome II,* 2024.
- *Les sefiroth, symboles et attributs,* 2023.
- *Les 72 noms du Nom : Les mystères du Shém haMeforash,* 2023.
- *Conversations sefirotiques,* 2023.
- *Éclats d'Infini,* 2023.
- *Éclats de Silence,* 2023.
- *Éclats d'Absolu,* 2024.
- *Le Kabbaliste et l'Orchidée,* 2024.
- *Les Mondes de la Kabbale,* 2024.

TRADUCTIONS DE L'HÉBREU EFFECTUÉES PAR GEORGES LAHY

- *Les Portes de la lumières, Shaâréi Orah, Joseph Gikatilla,* 2003.
- *Le livre des paraboles, Séfér hamashlim, Joseph Gikatilla,* 2022.
- *Ésh metsaréf, le feu de l'alchimiste – Traduction et annotations,* 2006.
- *Les Assemblées initiatiques du Zohar – Traductions et annotations,* 2006.
- *Le Livre du Signe, Séfer haOth, Abraham Aboulâfia, 2007.*
- *La Lampe divine, Nér Élohim, Abraham Aboulâfia, 2008.*
- *Divorce des Noms, Guét ha-shémoth, Abraham Aboulâfia, 2009.*
- *Vie du Monde à venir, Ḥayyé haÔlam haBa, Abraham Aboulâfia, 2019.*
- *Le Livre du Désir, Séfér haḤéshék, Abraham Aboulâfia, 2023.*
- *Le Jardin clos, Gan Naoûl, Abraham Aboulâfia, 2024.*
- *Épîtres pour Abraham et Judah – Shevâ netivoth haTorah & VeZoth LiYehoudah, Abraham Aboulâfia, 2024.*
- *Textes de la Kabbale provençale médiévale : Le Livre de la Contemplation et le Livre de la Source de Sagesse, 2019.*
- *Péréq Shirah : Ode à la Création, 2019.*
- *Les Portes de la Justice : Shaâréi Tséddéq,* Nathan ben Saâdiah Harrar, *2021.*

TRADUCTIONS DES LIVRES DE GEORGES LAHY

Anglais

- *The Work of Jonah: The Book of Jonah according to Kabbalah,* 2020.
- *Abulafia – The Kabbalist's Quest,* 2023.

Italien

- *Sepher Yetzirah. Il libro della formazione,* 2006.
- *L'alfabeto ebraico. I ventidue arcani della qabalah,* 2008.
- *La voce del corpo, la saggezza terapeutica dei cabbalisti,* 2009.
- *Qabalah estatica e Tseruf,* 2012.
- *Il trono della gioia,* 2017.
- *Esh Metsaref. Il fuoco dell'alchimista,* 2014.
- *Abulafia : La ricerca del cabalista,* 2019.
- *Vita mistica e Cabala pratica: Angelologia e pratiche teurgico-magiche nel Shi'ur Qomah, nella Merkavah e nella Qabalah Maassith,* 2020.
- *Le radici delle malattie: I messaggi delle malattie rivelati dalle loro radici ebraiche,* 2020.

Espagnol

- *Los 22 Arcanos de la Kabbalah : Los Símbolos de las Letras Hebreas,* 2006.
- *Kabbalah Extática y Tseruf : Técnicas de meditacion de los antiguos cabalistas,* 2011.
- *La Vos del cuerpo,* 2009.